との出会いだけでなく，友だちとのかかわりも生まれます。互いに刺激し合うこと
要です。そうした環境づくりこそ保育の原点です。

出会い・ふれあい

まどか幼稚園

・友だちとかかわることで、自信と意欲を育てます。子ども同士の「すごいね」と認め合いができる環境づくりが保育です。

イメージ(思い)を広げる

イメージ（考え）を広げる

子どもたちは，もの・友だちとかかわるからこそ，イメージを広げます。あっ！らめいた考えを行動にすることで，新しい自分と出会います。

すべての感覚を駆使してわかる
乳幼児の造形表現
〔第2版〕

編著　平田智久
　　　小野　和

保育出版社

編著者のことば

　乳幼児の造形活動は，人間の営みとして極めて根源的な**「感じ・考え・行動する」**という行為が多く含まれており，人とのかかわりを形成するうえでも重要なものといえます。それは2018年4月に施行された乳児から大学に至る種々の要領の共通した教育目標「主体的・対話的で深い学び」ともかかわってきます。このような視点によって，造形活動による新しい学びを幼稚園教諭や保育士養成課程の授業から始めるには，主体的な学びを促すものへと，**テキストそのものを変えていくことが必要**ではないでしょうか。これこそが本書に込められた編者の思いです。

　本書の特徴は，表現する過程を大切にして，**「体感と思考」**を促し**「実践事例から学ぶ」構成**です。

　第1部では，読者のみなさん自身と素材との"出会い・ふれあい"を大切に**した造形の基礎**について考えます。"もの"との直接体験を通して造形行動の大切さや楽しさを身体中の感覚を駆使して再認識することが大きなねらいです。

　第2部は，**「ものとのかかわりを深める」**ことが目的です。第1部で扱った素材であっても，いっそう具体的に活動できる考えや体験を重視しています。保育活動の事例などを示し，そこから子どもたちの表現活動や保育者の援助の意義が納得できるように心がけました。みなさんが考えたこと，話し合ったことなどを記入する欄も設けてあります。また，**「考えてみよう」**のページは，何回もコピーして記入できるようにしてあります。記入後スケッチブックに貼る，ホルダーに綴じるなどによって充実したサブテキスト（ポートフォリオ）になっていきます。

　このような特徴を理解して活用することで，自分なりのオリジナルなものになる構成ですから，本書はみなさんとともに作っていく新しい学びを支えるテキストといえるでしょう。授業や実習だけでなく，幅広く活用して，楽しい遊び，豊かな保育を展開していきましょう。

　最後になりましたが，刊行にあたり本書の趣旨をご理解のうえご協力いただきました多くの先生方に心より感謝申し上げます。また，元気一杯にすべての感覚を駆使して，いろいろなことに気づかせてくれた子どもたちにたくさんの「ありがとう」を伝えたいと思います。今回，貴重な機会とご助言をくださった三宅隆雄氏，吉川薫氏に心から御礼申し上げます。

2019年　平田　智久

小野　　和

本書の構成

はじめに，本書の流れについて理解しましょう。

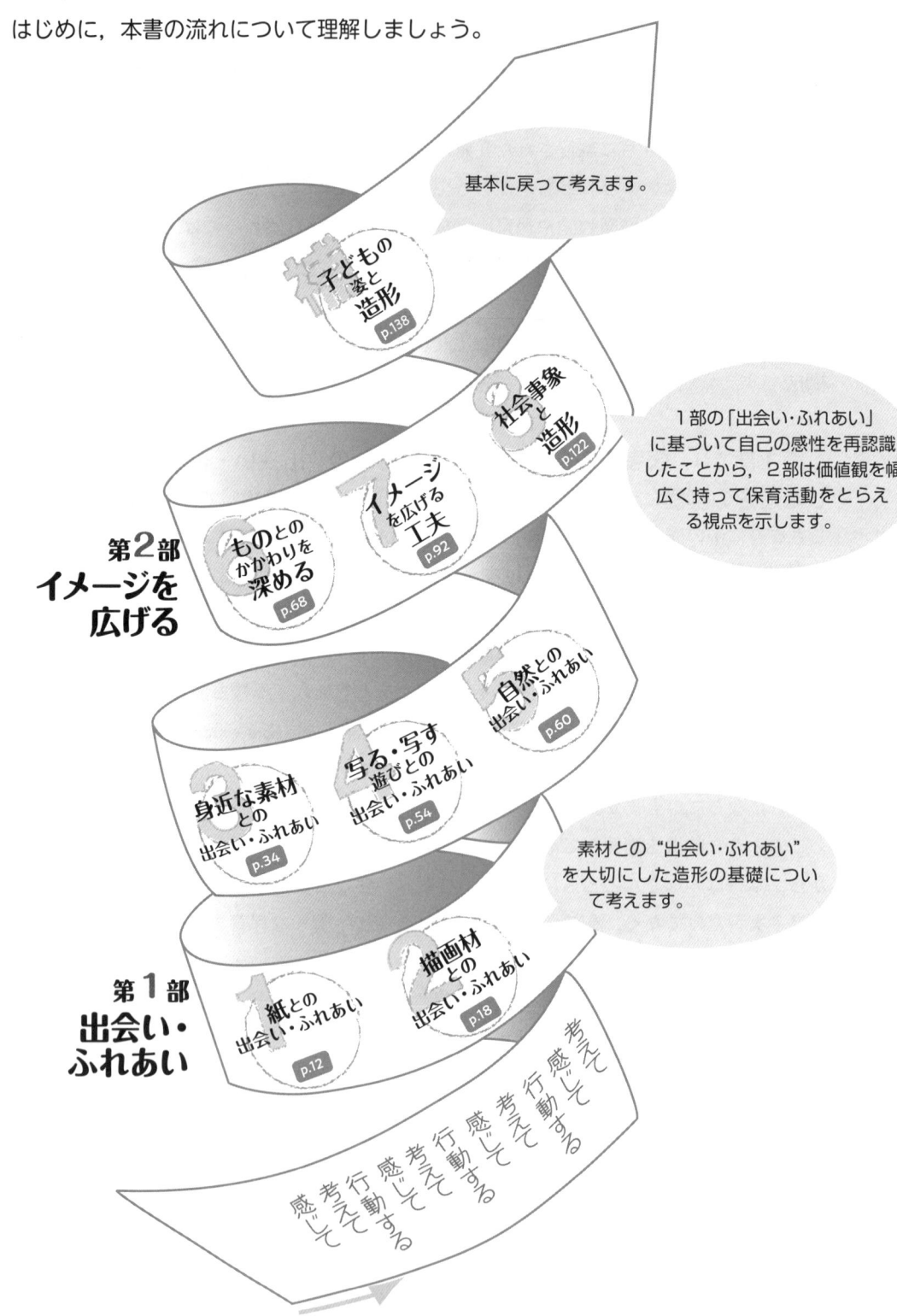

編著者のことば•3
本書の構成•4

第1部　出会い・ふれあい

1章　紙との出会い・ふれあい

1節　新聞紙 …………………………………………………………………………12
1．新聞紙の特徴•12
2．新聞紙を活用しよう•12

2節　身近な紙 ………………………………………………………………………14
1．子どもが乗れる動物（紙の立体遊具）•14
2．制作手順（わたしたちの身体をイメージしてみよう）•14

3節　空き箱 …………………………………………………………………………16
1．語り合う•16
2．「からっぽ」になる•17
3．ひらめく•17

2章　描画材との出会い・ふれあい

1節　クレヨン・パス ………………………………………………………………18
1．はじめての描画•18
2．クレヨン・パスについて•19
3．他の棒状固形画材について•23

2節　水だって描画材 ………………………………………………………………24
1．水で跡をつける•24
2．ダイナミックに描く•25

3節　絵の具 …………………………………………………………………………26
1．不透明水彩絵の具に親しむ•26
2．フィンガーペインティングを楽しむ•27

4節　割り箸ペン・フェルトペンなど ……………………………………………28
1．フェルトペン•28
2．割り箸ペン•28
3．割り箸ペンの制作•28
4．保育現場での展開•29

5節　鉛筆・色鉛筆・ボールペン …………………………………………………30
1．鉛筆・色鉛筆•30
2．ボールペン•31

コラム①「一人一人の表現を見つける視点とは」表現の読み取り1 ……………32

3章　身近な素材との出会い・ふれあい

1節　水 ……………………………………………………………………… 34
1．全身で水とふれあおう・34
2．水を見ることを楽しもう・34
3．モノと人とのかかわり・35

2節　植物（木・樹・葉っぱ・花・木の実）…………………………… 36
1．身の回りの植物に目を向けてみよう・36
2．植物を集めたら何かを作ってみよう・36

3節　泥土・砂・粘土・石 …………………………………………………… 38
1．「触れる」から「気づき」へ・38
2．泥土と砂・38
3．粘土・42
4．石・44

4節　光・風・空気 ………………………………………………………… 46
1．手で持つことのできない素材・46
2．光・46
3．風・空気・46
4．環境・47

5節　布・ひも・毛糸 ……………………………………………………… 48
1．毛糸やひもをどんどんつなげて・48
2．ひもを編んで・49
3．布と遊んで・50

コラム②「子どもの気持ちをくみとる対応とは」表現の読み取り２ ……………52

4章　写る・写す遊びとの出会い・ふれあい

1節　写る－不思議体験 …………………………………………………… 54
1．スタンピング（型押し）・54
2．デカルコマニー（合わせ絵）・54
3．フロッタージュ（擦り出し）・55

2節　写る－発見（ローラー'転写版'の活動から）………………… 56
1．ローラーを転がして遊ぼう・56
2．ローラーを工夫して作ろう・57

3節　写す－チャレンジ（スチレン版画の活動から）………………… 58
1．スチレン版画の活動・58
2．版をつくる・58
3．絵の具をつける・59
4．たくさん刷る・59
5．チャレンジで広がる可能性・59

5章　自然との出会い・ふれあい

- 1節　野原で遊ぶ …………………………………………………………………… 60
    1．子どもたちの取り巻く自然環境・60
    2．ネイチャーゲーム・60
- 2節　林で遊ぶ ……………………………………………………………………… 62
    1．造形素材を探して，遊ぶ・62
    2．「林の宝箱」をつくる・62
    3．林で見つけた植物で押し花をつくる・63
- 3節　水辺で遊ぶ …………………………………………………………………… 64
    1．水辺という自然・64
    2．河川での遊び・64
    3．浮かぶもの沈むもの・65
    4．浜辺での遊び・65
    5．日常の園生活で・65

第2部　イメージを広げる

6章　ものとのかかわりを深める

- 1節　紙で（一人の世界） …………………………………………………………… 68
    事例1：一人一人の表現方法（貼り絵など）・68
    1．事例1をとらえる視点・68
    2．事例1について自分の考えをまとめよう・69
- 2節　紙で（協同の活動） …………………………………………………………… 70
    事例2：広いスペースでたくさんの新聞紙と，大勢で遊ぶ活動（3歳児）・70
    1．事例2について自分の考えをまとめよう・70
    2．事例2をとらえる視点・71
    3．ディスカッション・73
- 3節　小さな箱で …………………………………………………………………… 74
    事例3：箱遊び・74
    1．事例3について自分の考えをまとめよう・74
    2．事例3をとらえる視点・75
    3．ディスカッション・75
- 4節　大きな箱で …………………………………………………………………… 76
    事例4：ダンボールを使って遊ぶ（発達による遊びの違い）・76
    1．事例4について自分の考えをまとめよう・76
    2．事例4をとらえる視点・77
    3．ディスカッション・77

5節　砂場で……80
　事例5：想像力・創造力を育む砂遊び・78
　　1．事例5について自分の考えをまとめよう・78
　　2．事例5をとらえる視点・79
　　3．ディスカッション・79

6節　粘土で……80
　事例6：動物村のパーティ（4, 5歳児）・80
　　1．事例6について自分の考えをまとめよう・80
　事例7：パン屋さんごっこ（4, 5歳児）・81
　　2．事例7をとらえる視点・81
　　3．ディスカッション・81

7節　布・ひも・毛糸（編む，組むなどの活動を中心に）……82
　事例8：毛糸で編む・織る・縫いとる・82
　　1．事例8について自分の考えをまとめよう・83
　　2．事例8をとらえる視点・83
　　3．ディスカッション・83
　事例9：布で遊ぶ・84
　　4．事例9について自分の考えをまとめよう・84
　事例10：布に描く・84
　　5．事例10について自分の考えをまとめよう・85
　　6．事例9, 10をとらえる視点・85
　　7．ディスカッション・85

コラム③「その子の思いをみんなにつなげる援助とは」……86
　✎考えてみよう1　絵から見えてくる子どもの姿Ⅰ・88
　✎考えてみよう2　絵から見えてくる子どもの姿Ⅱ・90

7章　イメージを広げる工夫

1節　絵の具遊びから……92
　事例1：絵の具で遊ぼう（さまざまな線，たらす，吹く，ぼかす）・92
　　1．事例1について自分の考えをまとめよう・92
　　2．事例1をとらえる視点・93
　　3．ディスカッション・93

2節　写る・写す遊び1（紙版の活動から）……94
　事例2：紙版画での表現・94
　　1．事例2について自分の考えをまとめよう・94
　　2．事例2をとらえる視点・94
　　3．ディスカッション・95

3節　写る・写す遊び2（刷り込み・ステンシル'孔版'の活動から）……96
　事例3：あな，あな，何の穴？　穴を塗って遊ぼう・96
　　1．事例3について自分の考えをまとめよう・96
　　2．事例3をとらえる視点・97

3．ディスカッション●97
4節　版を使ったいろいろな遊び（版遊びの紹介）……………………………………98
　　事例4：身体や指先を使った版遊び●98
　　　1．事例4について自分の考えをまとめよう●98
　　　2．事例4をとらえる視点●99
　　　3．ディスカッション●99
5節　ごっこから …………………………………………………………………………100
　　事例5：みんなでクッキーやさん●100
　　　1．事例5について自分の考えをまとめよう●100
　　　2．事例5をとらえる視点●101
　　　3．ディスカッション●101
　　事例6：人形でお出かけ●102
　　　4．事例6について自分の考えをまとめよう…102
　　　5．事例6をとらえる視点●103
　　　6．ディスカッション●103
6節　お話から ……………………………………………………………………………104
　　事例7：「鯉のぼりづくりから，鯉のぼりの絵へ」（5歳児）から●104
　　　1．事例7について自分の考えをまとめよう●106
　　　2．事例7をとらえる視点●106
　　　3．ディスカッション●107
7節　植物（栽培）と ……………………………………………………………………108
　　事例8：「水やりをする子ども」造形表現から見た栽培とは？●108
　　　1．事例8について自分の考えをまとめよう●108
　　　2．事例8をとらえる視点●108
　　　3．ディスカッション●109
　　事例9：「植物（栽培）から具体的な造形表現」へ●110
　　　4．事例9について自分の考えをまとめよう●110
　　　5．事例9をとらえる視点●110
　　　6．ディスカッション●111
8節　虫や小動物と ………………………………………………………………………112
　　事例10：虫たちとのかかわり（4歳児組）●112
　　　1．事例10について自分の考えをまとめよう●112
　　　2．事例10をとらえる視点●113
　　　3．ディスカッション●113
　　事例11：モルモットとの生活を通して●114
　　　4．事例11について自分の考えをまとめよう●114
　　　5．事例11をとらえる視点●115
　　　6．ディスカッション●115
コラム④「一人一人違うという良さを，みんなと認める援助とは」……………116
　　考えてみよう3　ハサミとのかかわりから見えてくる子どもの姿Ⅰ●118
　　考えてみよう4　ハサミとのかかわりから見えてくる子どもの姿Ⅱ●120

8章　社会事象と造形

- 1節　地域での出会い・体験・連携 …………………………………………122
  - 事例1：世代交流を通して・122
    1. 事例1について自分の考えをまとめよう・122
    2. 事例1をとらえる視点・123
    3. ディスカッション・123
  - 事例2：列車見学・124
    4. 事例2について自分の考えをまとめよう・125
    5. 事例2をとらえる視点・125
    6. ディスカッション・125
- 2節　子どもとつくる行事 …………………………………………………126
  - 事例3：でかのぼりを育てよう・126
    1. 事例3について自分の考えをまとめよう・126
    2. 事例3をとらえる視点・127
    3. ディスカッション・127
  - 事例4：頭にかぶってひな人形・128
    4. 事例4について自分の考えをまとめよう・128
    5. 事例4をとらえる視点・129
    6. ディスカッション・129
- 3節　子どもとつくるプレゼント ……………………………………………130
  - 事例5：季節行事のプレゼント・130
    1. 事例5について自分の考えをまとめよう・131
    2. 事例5をとらえる視点・131
    3. ディスカッション・133
- 4節　ワークショップ ………………………………………………………134
  - 事例6：親子でつくる工作ワークショップ・134
    1. 事例6について自分の考えをまとめよう・134
    2. 事例6をとらえる視点・135
    3. ディスカッション・135
- 考えてみよう5　「もの」とのかかわりから見えてくる子どもの姿Ⅰ・136
- 考えてみよう6　「もの」とのかかわりから見えてくる子どもの姿Ⅱ・137

補章　子どもの姿と造形

- 1節　子どもの育ち（描画や作る活動の発達と子どもの今の姿）………………138
- 2節　幼稚園教育要領，保育所保育指針，
       幼保連携型認定こども園教育・保育要領 …………140
- 3節　造形教育の歴史（時代背景が反映する，子どもの姿，昔と今）………141

資料〔表現〕抜粋（幼稚園教育要領，保育所保育指針，幼保連携型認定こども園教育・保育要領）・142
引用・参考文献・144
執筆者紹介・145

第1部
出会い・ふれあい

造形の大切さや楽しさを再認識するための
"出会い・ふれあい"とは？

1章　紙との出会い・ふれあい
2章　描画材との出会い・ふれあい
3章　身近な素材との出会い・ふれあい
4章　写る・写す遊びとの出会い・ふれあい
5章　自然との出会い・ふれあい

1章　紙との出会い・ふれあい

節　　　　　　　　　　　　　　新聞紙

1．新聞紙の特徴

　毎日の生活の中で最も親しみ深いのは新聞紙でしょう。「紙」の基本的な性質を理解するうえで新聞紙は最適な素材です。子どもたちにとって新聞紙は，大きく広げて身体全体の感覚を駆使してかかわるダイナミックな遊びから，手でちぎって穴を開けたり切ったりして指先に神経を集中させる細かな活動まで，さまざまな遊びを生み出す造形素材です。新聞紙は破る，切る，折る，曲げる，たたむ，穴を開ける，包む…といった造形的な行為やそうした行為によって平面から立体へ，堅い紙から柔らかい紙へと変身させることもできます。丸める時の感触や音，破く時の感触や音を楽しむこともできます。

2．新聞紙を活用しよう

(1) 破く

　新聞紙を1枚（2頁分）手で破ってみましょう。紙の繊維（目）の違いによって破きやすさ，破いた後の紙の形が違ってきます。ゆっくりとちぎってみたり，思いきり破ってみたりするとどのような気持ちになりますか。「もっと破いてみたい」「もっと細かくしたい」「できるだけ長く破いてみたい」など「○○」という作品を作る，という感覚とは違った発散的な心地よさを感じることができましたか。2人1組になって制限時間内にどちらが長く破けるか競う「びりびり競争」や全身を使ってパンチしたりキックしたりして体当たりで破く遊びは紙という素材がもつ特質を意識できる遊びです。

(2) 音を聴く

　新聞紙を指で弾いてみたり，手でこすったり，もんだりするとどのような音が聴こえますか。新聞紙1枚でどのような音を出し合えるか，友人とお互い発表し合いましょう。「ガサガサ」「シャリシャリ」など，どのような音に聞こえたのか言葉にしてみましょう。聴覚を通して造形的なイメージを広げる手がかりにもなります。

(3) 丸める

「新聞紙（1枚）を丸めてみましょう！」と言われたら，あなたはどのようにしますか。ボールのように球状に丸めますか，棒のように筒状に丸めますか。「丸める」とひと言で言っても答えはいくつもあります。ところが大人になると答えが一つになってしまいます。そうした硬くなった頭を柔らかくすることが「子ども理解」につながります。棒状に丸めたら2人1組で端を持ち合い，引っ張り合ってみましょう。どのくらいの力で引っ張ると破れるでしょうか。丸めた新聞紙がどれほど強いのか，試してみましょう。紙の繊維（目）の違いによっても強さが違うのか，試してみましょう。

(4) 包む

子どもにとっては大きな新聞紙に全身を覆うほど包まれてみると，どのような感覚になるでしょうか。身体に巻きつけたり，被せたりしながら身にまとってみると新聞紙の感触や匂い，思っていた以上にその温かさ（保温性）を感じ取ることができるでしょう。また，新聞紙を水に濡らして手や腕に貼りつけてみると，ひんやりとした冷たさを感じることができます。

(5) 広げる

新聞紙を大きく広げてその上に乗ってみましょう。ジャンケンをして負けた方は新聞紙を半分に折って，その上に乗っていられなくなったら負けの「陣地とりゲーム」をしてみましょう。片方の足だけでその上に立ったり，つま先立ちをしたりすることで，自分の身体感覚を通して新聞紙の大きさを理解できます。また広げた新聞紙の上に友人を乗せて引っ張ってみるとどうでしょうか。身体全体でかかわる楽しさを味わいましょう。

知識を深めるための 参考文献
・立花愛子著『新聞紙の実験』さ・え・ら書房，1999年
・平田智久監修『新聞紙であそぼう』世界文化社，1991年

(6) つなげる

細くちぎった新聞紙をつなげてイメージを広げ，それを線路に見立てたり，道路に見立てたりする遊びをしてみましょう。また，セロハンテープを使って1枚の新聞紙をつなげて，新聞紙を2人で1枚，4人で1枚…というようにクラス全員分をつなげましょう。1枚の大きな紙となった新聞紙を使ってどのような遊びができるでしょうか。みんなで端を持って力を合わせ上下にすることで風を起こしたり，全員で新聞紙の中に包まれたりしてみましょう。

写真1-1 新聞紙をつなげている学生たち

これまであげた新聞紙を使った遊びはほんの一例ですが，その他の特質として現在の新聞紙はインクの質が良くなり，手が汚れることを気にせずに遊べます。また，湿気を吸いやすく濡れるともろくなりますが，乾いているときは破れにくく丈夫な性質を持っています。

（宮野　周）

用語解説

新聞紙
簡単に手でちぎれ、クシャクシャにすることができます。また、容易に大量入手が可能なこともこの素材の特徴です。

ダンボール
さまざまな種類があり、一般に構造の違いで「シングル片面」「シングル両面」「ダブル」の3種類に分かれます。ここでは、最も入手しやすく廃材利用も容易な「シングル両面」を使用しています。

障子紙
多くが機械漉きの和紙で比較的安価です。繊維の向きで引っ張り強度が異なります。

千代紙
着物の柄などが入った日本特有の美しい紙。

色和紙
色つきの和紙。

ポイント

① ダンボールは内部の中空部分の方向により、使い方で強度が大きく変わります。ここでは、中空部分の向きに対して直角方向(巻きやすい方向)に巻くことで管状のものが束になった構造になり、高い強度が得られます。
　制作する「動物」の大きさや形をイメージして、背骨の長さと太さを決めてから手足など他の部分のパーツを制作しておきます。
　お腹側に多く肉を盛ることを想定し、足は長めに作っておきます。足がガタつく場合や長すぎる場合はカッターなどで切って調整します。
　パーツの接合はできるだけ接触面積を増やすようにガムテープでしっかり固定します。

節　　　　　　　　　　　　身近な紙

1．子どもが乗れる動物（紙の立体遊具）

　私たちの身のまわりには、さまざまな種類の「紙」があります。「紙」というと強度が低く、丈夫なものは作れないというイメージを持つかもしれませんが、それぞれの「紙」の特性を考え適材適所に使えば、「紙」だけでも驚くほど丈夫なものが作れます。

　ここでは、皆さんのチャレンジ課題の一つとして、「新聞紙」「ダンボール」「障子紙」など特性の異なった「身近な紙」を用いて、4本の足でしっかりと自立し、子どもが乗っても壊れないほどの強度を持った「動物」の制作を紹介します。表面の仕上げには「千代紙」や「色和紙」を使用し、和風柄の個性的で愛らしい「動物」が出来上がります。技法的にも比較的簡単で応用性も高いので、ぜひ一度グループなどでトライしてみてはいかがでしょうか。

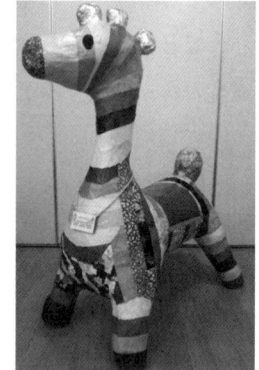
写真1-2　学生作品

【使用するもの】
　材料…ダンボール，新聞紙，厚手の障子紙，千代紙，色和紙，布ガムテープ，
　　　　木工用ボンド，水性ニス
　道具…カッター，ハサミ，トレー，ニス刷毛

2．制作手順（私たちの身体をイメージしてみよう）

① 骨格「ダンボール」で骨格をつくる………………布ガムテープ使用
② 肉「新聞紙」で肉づけ………………………………布ガムテープ使用
③ 表皮「障子紙」を帯状に貼る（2～3重）…………木工用ボンド使用
④ 色柄「千代紙」や「色和紙」でデザインする………木工用ボンド使用
⑤ 水性ニスを塗る……………………………………完　成

(1)　骨　格（ポイント①）

　ダンボールをロール状に巻き、ガムテープで固定して動物の骨格になるパーツをつくります。強度を考えながら、それぞれのパーツをガムテープで接合し、適宜補強を加えます。

写真1-3　骨　格

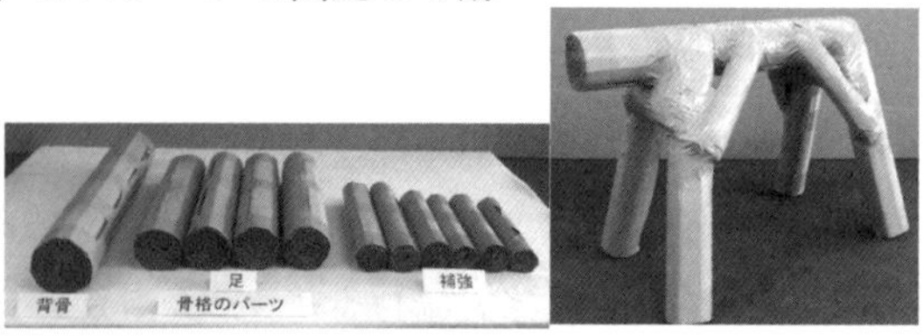

1章　紙との出会い・ふれあい

(2) 肉 (ポイント②)

首や足の付根部分など特に強度が必要な箇所に新聞紙を詰め込み，ガムテープで固定してぐらつきをなくします（※）。次に「動物」の形を考えながら新聞紙とガムテープで肉づけし全体の形を作ります。

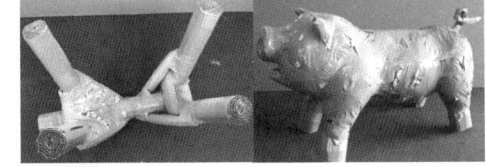
写真1-4 肉付け

(3) 表皮 (ポイント③)

木工用ボンドを水で2〜3倍に薄めたものをトレーなどに用意する。障子紙を帯状に裂いたものをボンドに浸し，包帯を巻くような感覚で「動物」のお腹の方から貼ります。首の付根など力がかかりやすい部分には補強として障子紙を縦に数枚貼り，できるだけ交差するように全体に2〜3重くらいに貼ります。

写真1-5 表皮

(4) 色柄 (ポイント④)

「千代紙」や「色和紙」を使って好きなようにデザインをします（(3)と同じ木工用ボンドを使用する）。

写真1-6 色柄

(5) 水性ニスを塗る

ボンドが完全に乾いたら，水性ニスを塗ります。ニスを塗ることで千代紙のめくれや擦れによる磨耗を防止し，全体的に耐久性が増しますが，「紙」特有の風合を損なう場合もあるので，塗らなくてもよいかもしれません。

『子どもが乗れる動物』は，造形が苦手な人でも身体を通してさまざまな「紙」の特性を知ることができる課題です。また，自分の手で作ったもので，子どもたちが楽しそうに遊ぶ姿を見ることは，何よりの喜びとなり，造形活動に対する意欲や自信へとつながります。あまり上手下手にとらわれず，スポーツのように汗を流し，身体全体で「ものづくり」を楽しんでみてはいかがでしょうか。この課題を通して，「日本のよさや美しさ」を皆さん自身が再認識し，子どもたちに伝えてもらえたらと思います。

写真1-7 動物で遊ぶ子どもたち

(首藤 晃)

補強はぐらつく部分の動きを止めるように加えていきます。

② ※の段階で実際に自分で座ってみて強度的に問題がないようであれば，完成したものに子どもが乗ってもまず大丈夫です。

実際に座る背中部分や直接力のかかる部分は硬めにし，それ以外は形を整える程度でよいでしょう。

お腹など多く肉を盛る場合は図1-1のようなアーチを縦横にいくつか作り，その隙間に新聞紙を詰め込むようにすると作業しやすくなります。

図1-1 断面図

③ 障子紙はロール状の厚手のものがよいです。繊維の向きは巻方向に裂けるようになっているので，カッターやハサミで使いやすい長さにロールからカットし，手で帯状に裂いて使いましょう。

ガムテープの上は接着力が弱いので，中に空気が入らないようにできるだけフィットさせます。

まず「動物」を裏返してお腹側全体を貼り，元に戻して背中側を貼りましょう。足の下にクリアファイルなどボンドの剥離性の良いものを敷くと作業しやすくなります。

直接力のかかる首の付根から背中にかけて厚めに貼ります。あまり力のかからないお腹側は薄めでも大丈夫です。

ボンドが垂れたり，飛び散ったりするので，机の上に新聞紙や作業用シートなどを敷くことを忘れずにしましょう。

④ 空気が入ったり，めくれができないようにていねいに貼ります。

3節　空き箱

1．語り合う

　まず家の中を、ぐるりと見渡してみましょう。おやつの空き箱，ティッシュペーパーの箱，せっけんの箱，お土産にもらったお菓子の空き箱，靴を買った時の箱，カレーのルーが入った箱，引っ越しした時のダンボール箱…さまざまな箱があることに気がつくでしょう。どれでもいいので，気になった「空き箱」を一つ手にしてみてください。

　では，よく観てみましょう。色や形・大きさはどうですか？　重さ・質感など触った感じはいかがですか？　ちょっと振ってみてください，何か音はしますか？　匂いはしますか？　手にした「空き箱」は，あなたに何を語りかけてくれましたか？

写真1-8　箱を観る

> **ポイント**
> 　素材とは常に五感でふれあうことを，心がけましょう。視覚だけに頼らないで，それぞれの感覚に意識を集中させてみましょう。

　「空き箱」も，もとはと言えば「木」です。何十年何百年の時を経て，生まれたものです。新聞紙や色紙や画用紙も，やはり「木」から作られています。「木」としての命は失われ，「紙」としてよみがえり，容器としての「箱」となり，その役目を終えて「空き箱」となったのです。

　ちょっと想像してみてください。あなたが手にしている「空き箱」がどんな旅をしてきたのか…。その空き箱には，一体どんな「物語」があったのでしょう。

　大人になったみなさんにとっては見慣れたものも，子どもたちには新鮮なものばかりです。みなさんももう一度，それを初めて見る子どものように，五感でふれあい，さまざまなモノたちと戯れましょう。

写真1-9　空き箱のふるさと

> 　例えば，コップ一杯の水に
> 　例えば，一個の石ころに
> 　例えば，一本の鉛筆に
> 　どのような物語があったのか想像してみましょう。どこで生まれてどのような生き物たちと出会い，どうやってここに来たのでしょうか。想像力を育みましょう。

2.「からっぽ」になる

「"空き箱"の特徴を3つあげなさい」と言われたら,あなたは何と答えますか？
「空き箱」の最大の**特徴**,それはやはり「からっぽ」というところではないでしょうか。「空き箱」は,中身が「空っぽ」だからこそ,そこに創造性をもって働きかけることができるのです。何かを作る時,まず自分も「からっぽ」になってみましょう。思い込みを捨て去り,シンプルにその「素材」と戯れてみることです。

そしてあらためて,その素材の特徴を「3つ」探してみましょう。どうですか？「空き箱」の特徴は見つかりましたか？

写真 1-10　からっぽ

ポイント

いろんなものの特徴を,3つ見つけるようにしてみましょう。きっと保育者になった時,目の前の子どもたちのいいところを見つける名人になれますよ！

3. ひらめく

空き箱を使って「イモ掘り」をテーマに何か作るとします。まずは空き箱と語り合いましょう。次に,他の箱を積み木のように乗せてみたり,箱をつぶしてみたり,思い切って穴をあけるなどして,戯れましょう。どうです？何かアイデアはひらめきましたか？

例えば,「イモ掘り」の面白さは,土の中に「かくれんぼ」しているイモを,つるを頼りに探す所にありますね。空き箱の特徴は,「からっぽ」「ふたを閉めたら中身が見えない」などがあげられます。

おやおや,箱から何やらニョキニョキと飛び出してきましたよ。つるを引っ張ると箱の中から出てきたのは,なんと！…。とにかく,あるもので,遊べる・作れる・楽しめる,それが大切です。

写真 1-11　穴を開ける

テーマの特徴と素材の特徴,その両方からアプローチしてみましょう。

写真 1-12　芽が出た！

ワンポイントアドバイス

① ゆっくりとした時間
② のんびりとしたこころ
③ じっくりとふれあう
この3つを大切にしましょう！

(平山隆浩)

 章　描画材との出会い・ふれあい

 節　　　　　　　　クレヨン・パス

1．はじめての描画

　子どもたちはいつごろから絵を描き始めると思いますか？　おおよそ1歳〜1歳半ごろから、幼い手にクレヨンを持ってどんどん描きだします。ただし、最初の絵は、何かを表現するというよりは、自らが紙とクレヨンにかかわって、それを変化させることに喜びを見いだしているのです。

　ここで、実験をしてみましょう。紙とクレヨンがあれば、手元に用意してください。まずはクレヨンを持ち、目を閉じてもらい、その紙に、半径5cm程度の円を描いてください。ただし、必ず端と端をつなげて閉じた円にしてください。いかがでしょうか。円は描けたけれども、完全に閉じた円となると、難しかったのではないでしょうか。なぜこんなことをしてもらったかというと、一つの円を描くのにも、人間は多くの機能を使って描くということを知ってほしかったからです。そもそもクレヨンが持てなければなりませんし、指や手首、ひじや肩を上手に連動させなければなりません。また、筆圧の調整も必要になってきますし、目で見た情報を頭に伝え、それをまた手に伝えなければ、閉じた円一つ描けないわけです。

　写真2-1は、Mちゃんが1歳8か月の時に描いた絵です。いかにもおぼつかな

写真2-1　なぐりがき（1歳8か月）

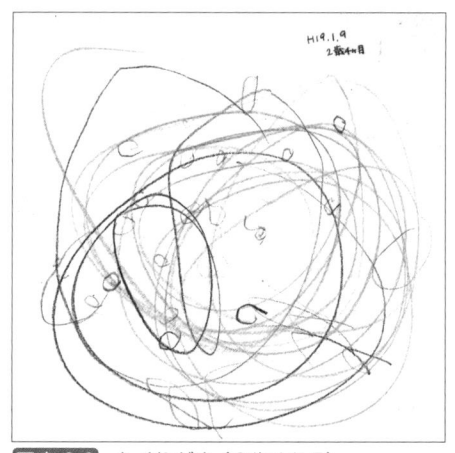
写真2-2　なぐりがき（2歳4か月）

く，線が紙からはみ出しています。しかし，写真2-2は，同じ子どもが2歳4か月になった時に描いた絵です。ほんの数か月後には，目と手と頭の協働によって，紙からはみ出ることなくいくつもの渦巻を描き，小さな閉じた円も自在に描けるようになっている様子がわかってもらえると思います。子どもの絵の表現の発達は，心（感性や感情）の発達とともに身体（認知機能，**身体機能**）の発達と深い関係があるといわれるゆえんです。

このようにして，最初の子どもの描画は，手の動きの結果としてのもの，あるいは遊びとしてのものから始まり，3歳を過ぎたころからは，心（感性や感情）の発達に伴って自分の思いを自らの手で作り出す行為に変わっていきます。換言すれば，表出的な活動（あらわれ）から表現的な活動（あらわし）へと変貌を遂げていきます（写真2-3）。

さて，ここからは，子どもたちが最初に使う描画材であるクレヨン・パス，および他の棒状固形画材の話をしていきます。いずれも幼い手に持ちやすいように短く太く作られており，十分な硬さと適度な軟らかさを併せ持っているため，乳児が初めて使う描画材として適しています。まず最初に，クレヨンとパスを見てみましょう。

写真2-3 「お父さんカタツムリとお兄さんカタツムリと赤ちゃんカタツムリ」

2．クレヨン・パスについて

ここでは，保育者として知っておくべき，クレヨンとパスについての基礎的な知識を紹介します。また，特徴を十分理解したうえで，実際に使ってみましょう。

(1) 描画材としての特徴

クレヨンはフランスで20世紀初頭に発明されたといわれています。日本には大正時代に輸入され，その直後から国産品も作られ始めました。一方**パス**とはオイルパステルのことで，1925（大正14）年に日本で発明されました。クレヨンは，どのメーカーもクレヨンと表示していますが，パスはメーカーによって名称が異なっています（クレパス，ふとパス，パッセル，ぺんてるパステル，オイルパステル，ネオパステルなど）。現在では，クレヨンとパスは互いの長所を取り入れて，改良され，よく似たものとなってきましたが，一般的には次のような特徴があります。

クレヨンはろう分を多く含んでいるために，パスより硬く，細い線描きに向いています。子どもは最初，線で描くことから，最初に使う画材として適していま

補足

身体機能となぐりがき

乳児は，座れるようになると，手が自由になるのでいろいろなことを始めます。手の働きは，肩，ひじ，手首，指の順で末端に向かって発達します。

1歳ごろから始まる描画は，なぐりがき（スクリブル）といって，肩のみを使うぎこちない動きで描く点々の絵です。続いて，1歳半ごろになると，ひじを中心にした円弧の左右往復のなぐりがきになります。その後は，肩とひじが連動して，大きい渦巻型のなぐりがきができるようになります。

そして2歳ごろになると，手首や指の関節とも連動させて，小さい円や上下運動のなぐりがきが描けるようになります。2歳4か月ごろになれば，手の動きに目の働きが協働して，閉じた円や一本の直線がひけるようになります。

パスという名称について

日本工業規格（JIS）では，オイルパステルはパスと表記されているので本書でもパスとしています。しかし，世界ではオイルパステルの名称が一般的です。

パステルについて

通常いうところのパステルはクレヨンやパスとは別物で，ろう分や油分は含まれておらず，顔料とそれを固めるための結合材だけで作られています。よって，パステルで描かれた絵は，画面に色粉末が擦りつけられている状態なので，描き終えた後に，定着液を吹き付ける必要があります。

しかし，話が複雑なのは，オイルパステルをパステルという商標で販売している会社もあり，混同しないように注意が必要です。

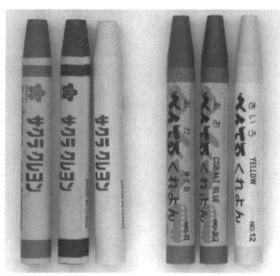
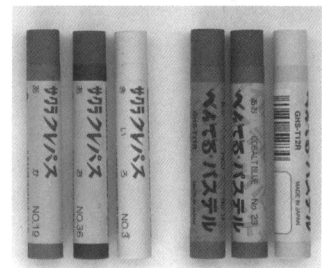

写真 2-4　クレヨン（左）とパス（右）

す。また，ろう分が多いため，パスに比べてつやがあり，べとつかず透明感が高いのも特徴です。一方，パスは油分を多く含んでいるのでクレヨンよりも軟らかく，伸びがよいため面塗りに適しています。発色は不透明で，重厚な絵を描くことができます。また，クレヨンに比べ太めに作られています（写真 2-4）。

(2) 長所と短所

クレヨンとパスでは，厳密にいうと違いがありますが，他の画材と比べ，特徴を次のようにまとめることができます。

表 2-1　クレヨン・パスの長所と短所

長　所	短　所
・紙さえあればすぐ描ける。絵の具と違い，色を取り替えることが容易にできるので，子どもの思いを率直に表すのに適している。 ・水彩絵の具と違い，乾かす必要がなく，色が変化するということもない。色も鮮明で，退色しない。 ・絵の具のように固まったり，マーカーのように揮発して描けなくならない。 ・基底材を選ばない。 　（木，石，布，透明シートなどにも描ける） ・子ども向きの画法がある。 （撥水性を生かしたはじき絵，厚く塗って削り落す引っかき画など）	・一定の太さでしか描けない。 ・絵具のように完全な混色は難しい。（ただし，軟らかいパスは十分な混色の効果は得られる）。 ・消すことができない。 ・折れやすい。 ・完全に定着するということがなく，いつまでも色がつきやすい。 （服や他の作品を汚してしまう）

(3) 指導上の留意点

いずれも，手で直接持って使うため，紙が巻かれており，他の色がついたり，手が汚れないようになっています。また，その巻紙は，折れにくいようにするためでもあるので，必要以上に巻紙を取らないようにすることが大切です。一方で中身が減ってしまっても，紙をはがさないためにかすれたまま描いている子もいるので，配慮が必要です。思うように描けない子の中には，持ち方がしっかりできていないことが原因の場合もあるので，確認してあげてください。

子どもが使うものなので，成分は有害とならないように日本工業規格で定めら

れています。安全基準としては、ヨーロッパと米国の基準があり、それぞれの規格に適合しているものには**マーク表示**がされています。最近では、より害のない食物性のロウを使ったものや、口にしないように安全な苦味成分が混入されたものもあります。はみ出して机などについた場合は、ぞうきんで拭けば、たいてい落ちます。衣類などについた場合は、すこし熱めのお湯（45度）にひたし洗剤をつけ、もみ洗いか硬いブラシでこすることで落ちます。また、最近では水で消せるクレヨンも発売されています。

用語解説

CEマーク
EU加盟国の基準を満たした商品につけられています。

APマーク
米国画材協会が、健康障害を起こす危険性が少ないと認証した製品につけられています。

(4) クレヨン・パスで描いてみよう

基礎的な知識を理解したところで、クレヨンやパスを使って描いてみましょう。実際に描くことでそれらの扱い方、特性を体験してみてください。

① いろいろな線を描いてみよう

写真2-5は、実際に子どもが描いた線遊びの絵です。絵が苦手な子はこうした線遊びで、気持ちを解放することができます。皆さんも、線の太さや強弱、描くスピードに注意して描いてみましょう。線は感情も表すことができるので、試してみましょう。また、折れて短くなったクレヨン・パスを倒して描けば、幅広の線も描くことができます。

補足

線のいろいろ
①細い線
②太い線
③勢いのある線
④ゆっくり描く線
⑤断絶した線（凹凸のある紙に弱く描くと、断絶した線になります）
⑥片ぼかし線（描くときクレヨンの片側のみに力を入れて描きます）

② 重色・混色をしてみよう

先にも述べたように、クレヨンやパスは、絵の具のようにパレット上で直接混ぜて完全に混色をするということはできませんが、画面の上で重ね塗りしたり（重色・ぼかし）、画面上で混色したり（塗った後から指やティッシュペーパーでこすりあわせて、より混ぜることもできます）することができます（写真2-6）。混色の場合は、濃い色を最初に塗り、薄い色を後から塗ったほうがよく混ざります。濃い色を後から塗ると、薄い色を隠ぺいしてしまうからです。例えば、赤を塗ってから黄色を塗り、橙（だいだいいろ）色を作るという具合です。

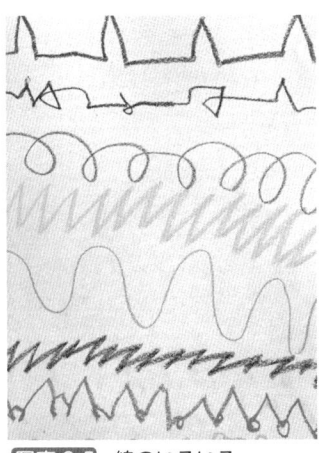
写真2-5　線のいろいろ

写真2-6　色の混色

写真2-7　ステンシル

③ こすって描いてみよう（ステンシル）

　クレヨン・パスの伸展性（こすって伸ばして刷り込むこと）を利用して描いてみましょう（写真2-7）。パスのほうが軟らかくよく伸びます。まずは，画用紙を切り取って型を作ります。切り取った画用紙の縁全体にパスを十分に塗り，画面の上に置きます。パスを指で画面の上に伸ばして刷り込んでいきます。子どもに指導するときに注意することは，型が動いてしまうと図柄がずれてしまうので，切り取った型がずれないようにもう一つの手で，しっかりと押さえるようにすることです。また，違う色のパスをのばすときは指を換えるか，指を洗ってから行うと，色が混ざらなくてよいでしょう。いろいろな型を切り抜いて，みなさんも挑戦してみてください。

ためしてみよう －クレヨンの再生－

　短くなったクレヨンは，小さい子どもの手では持ちにくいものです。かといって捨ててしまうには，もったいない。また，新しいものをすぐに買うのではなく，用具を大切に最後まで使うことも子どもに知ってほしいことです。そこで，短くなったクレヨンを集めて，再生してみましょう。十分な注意が必要ですが，作業は簡単なのでぜひやってみてください。エコロジーであるばかりか，自分が作ったクレヨンで絵を描くことは，想像しただけでも何と楽しくすてきなことではありませんか。

準備するもの：短くなったクレヨン，アルミホイルで作った型またはクッキーの抜き型，オーブントースター，クッキングシート

① 短くなったクレヨンの巻紙を取り，型に入れます。（クレヨンの量が少ないと，薄く折れやすいものとなってしまうので注意してください）

② クッキングシートを敷いて①をオーブントースターで焼きます。（上火グリル600Wで4分～6分。量や質によって溶ける時間が違うので，実際の溶け具合を見て判断してください）

③ クレヨンが完全に溶けたら取り出して，固まるまで冷まします。

④ 型から取り出したら完成です。

　子どもが行うときは必ず大人と一緒に行うことや，熱いのでやけどをしないように十分注意してください。また，いろいろな色のクレヨンを同時に入れると，カラフルなクレヨンができて，それを使って描くことも楽しいものです。

写真2-8　短くなったクレヨンとアルミホイルの型

写真2-9　オーブンで溶かして再生したクレヨン

3．他の棒状固形画材について

　保育現場で使われている棒状の固形描画材は，ほとんどがクレヨンやパスですが，決してそれだけではありません。コンテやチョーク，パステルなども取り入れられています。もともとコンテは石墨（せきぼく）と粘土を混ぜて作られていたものですが，現在では改良され，コンテの持ち味にパステルの長所を加えたものが主流です。よって，従来のコンテのように固すぎず，適度に柔らかくなめらかなので，重色，混色，ぼかしなどの技法が可能です。だから，子どもにとっても使いやすい画材となっています。コンテは断面が四角の画材ですので，面塗りにも，また，角を使って鋭い線を描くのにも適しています。

　チョークは，いわゆる黒板に文字を書く筆記具で，炭酸カルシウムや焼石膏（しょうせっこう）を主成分に作られています。クレヨンのように紙が巻かれていないので力加減のうまくできない子どもにとっては折れやすく，粉も飛散するという面があります。しかし，園庭のコンクリート部分などに，画面の大きさを気にせずに気軽に描くことができます（写真2-10）。外での活動は，感じたままに大きい絵を楽しく描くことができ，開放感を味わう効果も加わり，活発な活動が期待できます。描いた後は，雨が降ってしまえば，自然に消えますが，バケツに水をくんでブラシを使って子どもたちと一緒に洗い流すことも，楽しい作業となるでしょう。

写真 2-10　チョークでコンクリートに描く

（石川博章）

節　　　　　　　水だって描画材

1. 水で跡をつける

「水で跡をつけて遊びましょう」といわれたら，あなたはどんな遊びを見つけることができるでしょうか？

ホースで水をまきますか？　濡れた手で何かに手形をつけますか？　何に跡をつけますか？　道具や何か媒体になるものでつけますか？

「水遊び」と「水で描く・跡をつける」では，何が一緒で何が違うのでしょう。

特別な画材を準備しなくても，子どもの生活の周りには画材になるものがいろいろあります。水はその一つですが，ただ描かせるのが造形遊びの目的にならないことです。子どもが水で描くことを通して子どもの何が育っているのか，写真2-11・2-12・2-13を見て感じることができるでしょうか。

写真 2-11　「いま，ぴかぴかにみがいてる！」
筆に水をつけて描く子ども（自発的な目的・意欲）

写真 2-12　「せんせい！　きのうなぁ」
筆に水をつけて描く子ども（安心から生活を表現へ）

写真 2-13　「ここもかけるよ！」
筆に水をつけて描く子ども（発見の瞬間・挑戦）

指示してさせるのではなく,子ども自らつかみ取る行為を大切にします。そのために,子どもの「出会い・ふれあい」を大切に考えて欲しいのです。方法はいくつもあげられるでしょう。何とおり考えられるでしょうか。その考えたもの一つだけを教えるのではなくて,子どもの行為すべてを「水で跡をつける」ととらえたとき,あなたの考えが子どもの個々の遊びの想定となり,受け入れられる保育の幅となります。

2. ダイナミックに描く

泥水遊びをするために水を運んでいたらこぼれてしまい,地面に跡がつきました。「あらら,線になっちゃった」と気づいたとたんに,じょうろで水の線描きへとその場で遊びが変わります。最初は偶然の出来事でも,子どもの発見や発想から描く技法が生まれる瞬間に立ち会えることがよくあります。

写真 2-14 では,じょうろをうまく使って線を描く姿が見られます。地面に大きく描くためすぐに水がなくなり,何度も水をくみに行っては描いています。それも水が描画材である楽しみです。その間も子どものイメージがなえることなく,大きな車を描き上げました。すると今度はその車に乗って遊び始めます。子どもの日常は,創造であふれているのです。

写真 2-14　じょうろの水で描く子ども
　　　　　　（見立て・発見）

写真 2-15　描いた車に乗る子ども（創造）

（永渕泰一郎）

絵の具

ポイント

絵の具を用い，幼児と活動するときの環境

絵の具には，保育室が汚れる，子どもの手や体が汚れる，手間がかかるというイメージがつきまといがちです。保育室にビニールシートを敷くなどして，子どもがのびのびと活動できる環境をつくりましょう。

汚れを広げないためには，お手ふきとぞうきんの準備が欠かせません。手や用具を洗うときは，タライなどを用意し，その中で洗うと，絵の具を落としやすく，かつ色水遊びなどに発展します。片づけも，子どもに楽しんでさせたいものです。

幼児期に，もっとも日常的に使用される絵の具は，ポスターカラーなどの不透明水彩絵の具です。ここでは，不透明水彩絵の具と，触感を味わいながら感覚的に表現するフィンガーペインティングを紹介します。

1．不透明水彩絵の具に親しむ －さまざまな濃さ・薄さとそれによる表現の違い－

【用意するもの】
・不透明水彩絵の具　　・紙（新聞紙）
・筆　　・お手ふき，筆ふき（ぞうきん）

【準備】
作業机に新聞を広げ，セロハンテープでつなぎます。裏返し，つないだ面が裏になるようにします。

写真 2-16　カップに絵の具を入れる（水を加えて適度な濃さにしたものを用意すると，幼児は表現しやすい）

(1)　誰が一番長い線を描けるかな？

薄いと文字が透けてしまい，濃いとかすれてしまいます。絵の具がちょうど良い濃さになるように水を加えるのが，長い線を描く秘訣です。新聞の文字が透けず，線がかすれず，50cmの線が引けたら大成功です。

(2)　みんなでどんどん描いてみよう！

グループでどんどん線を描いていくうちに，線が重なります。水分をたっぷり含んだ線はにじみ，濃い線は下に塗った絵の具が透けず，色が重ねられます。速い線，ゆっくりの線と，スピード感が表現できるのも，絵の具の魅力です。

新聞紙が，絨毯(じゅうたん)みたいに色で埋まるかな？

補足

画用紙，新聞紙，カレンダーの裏紙，模造紙など，子どもにさまざまな紙質，紙の大きさを経験させましょう。

太い線が描ける絵の具の場合，大きな紙に思いっきり描く体験を，取り入れたいものです。

写真 2-17　新聞紙に線を描く（重なり方もいろいろ，かすれて透ける線，にじむ線，上に重ねた色だけが見える線）

26　2章　描画材との出会い・ふれあい

(3) うすい絵の具をたらしたり吹いたりしてみよう！

薄めに溶いた絵の具は画用紙にたらして，画用紙を傾けて線を描いたり（写真2-18），ストローで吹いたり（写真2-19）して表現を楽しむこともできます。

ペンや色鉛筆で描き加えるのも楽しいものです。

写真2-18 画用紙を動かして線を描く　写真2-19 絵の具をストローで吹く

2．フィンガーペインティングを楽しむ

【用意するもの】
- フィンガーペインティング用の絵の具（ゆびえのぐ，もしくは手作り）
- 撥水紙（全紙サイズ　模造紙でも良い）
- お手ふき

お絵描きは好きでも，絵の具が手につくのは嫌な子どももいます。大人になるとそのような人は，ますます増えます。この活動では思いきって手や体で絵の具に触れてみましょう。絵の具の触感や温度を肌で感じると，みんな顔の表情が生き生きとしてきます。「気持ちいい～」「こんな色になったよ！」など，自然に感じたことが言葉となってでます。

机の上で活動してもよいですが，撥水紙をつないで床に大きく広げ，手だけではなく足，全身を使って描くのもよいでしょう。汚れてもよい環境で思いっきり活動しましょう。

写真2-20 仲間と一緒に楽しむ

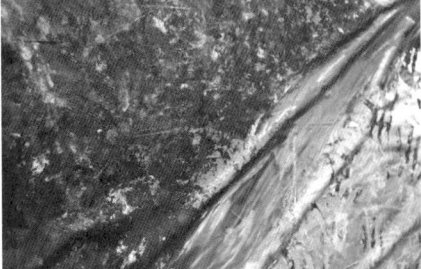

写真2-21 手の動かし方によって，さまざまな表現が生まれる

(藤原明子)

人名
ルース・フェゾン・ショウ
(1905-1969)
フィンガーペインティングの創始者。アメリカで生まれ，第一次世界大戦時にヨーロッパに渡り，戦後イタリアのローマで児童の教育にあたりました。著書に『フィンガーペインティング―子どもの自己表現のための完璧な技法』(1934)があります。

補足
フィンガーペインティングの絵の具を手作りしたいときは，小麦粉のりを作り，それに水彩絵の具を混ぜます。
【小麦粉のりの作り方】
薄力粉1に対し，水3を加え，よく混ぜながら，鍋で煮ます。プツプツと煮立ち始め，透明感がでてきたら出来上がりです。

ポイント
保育室が汚れない？
幼稚園や保育所でフィンガーペインティングを行うときは，テラスなど汚れても掃除がしやすい場所で行うのがよいでしょう。水着や汚れてもよい服装で行い，活動後は全身シャワーを浴びればすっきりします。

 ## 割り箸ペン・フェルトペンなど

1. フェルトペン

 **補足**

フェルトペンは線の太さが一定のため、強弱は表現しにくい描画材といえます。

フェルトペンは、描き始めのころの幼い子どもにも力を入れずに点や線を描くことができる画材です。成長するにしたがって、細かい表現がたくさんできる楽しさも味わえます。フェルトペンを使ってさまざまなものに描いてみましょう。画用紙、ダンボール、アート紙

写真 2-22 ダンボールに描く

（カレンダーの紙など）、障子紙などどのような発色や描き味になるでしょうか？

2. 割り箸ペン

割り箸に墨汁をつけ線描することにより、線の強弱を意識するようになります。割り箸を使い、割らずに描く、2本に割って描く、折って描くなど、いろいろ試してみましょう。割り箸の先を削って割り箸ペンを作って描くとさらに変化に富んだ表現が生まれます。

3. 割り箸ペンの制作

ポイント

墨汁の容器としては、乳酸飲料やシャボン玉液の小容器が便利です。墨汁を水で薄めることで好みの濃さの墨を作ることができます。

① 一膳分の割り箸を2本に分け、太い方の先をノミの形になるようにカッターで削ります。
② 小さな容器にスポンジを入れその中に墨汁を染み込む程度入れます。次に水を自分好みの墨の濃さになるまで入れます。

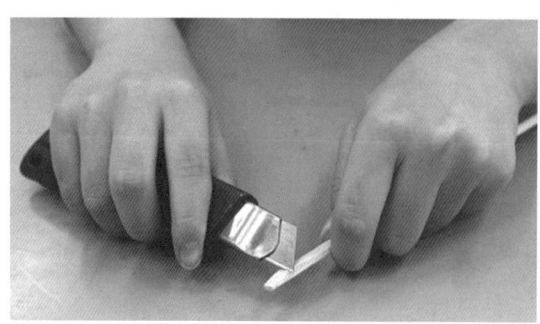

写真 2-23 割り箸をカッターで削る

写真 2-24 小さな容器にスポンジを入れて墨汁を注ぐ

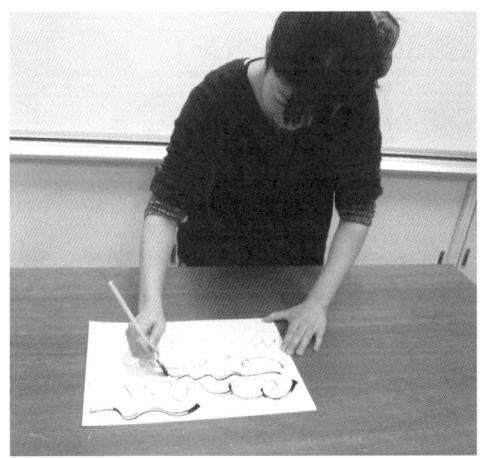

写真 2-25　作った割り箸ペンで描く

写真 2-26　太い，細い，かすれ，にじみ…，割り箸ペンから生まれる変化に富んだ線

　墨汁染み込んだスポンジに割り箸をつけ，割り箸ペンの細い方と太い方の線の変化や墨の濃さによってどのようになるかいろいろトライしてみましょう。

4．保育現場での展開

　4歳児になると線描で形を描くことができるようになり，描きたいものを自由に楽しく表現するようになります。ためらわず一気に形を描くには，フェルトペンが適しています。

　写真2-27・28は5歳児を対象に共同制作として，「楽園」をテーマに活動しました。はじめは各々がフェルトペンで自由にイメージしたものを描き，徐々に周りを見ながらイメージをつなぐ活動が生じてきました。パステルの色をティシュペーパーで擦りながらつけると，柔らかな色彩の配色が美しい作品に仕上がりました。

写真 2-27　フェルトペンで形を描く

写真 2-28　パステルで着色する

（戸潤幸夫）

5節　鉛筆・色鉛筆・ボールペン

1．鉛筆・色鉛筆

みなさんは「鉛筆」というと「文字を書くもの」というイメージが強いかも知れませんが、棒状の描画材料は古代から存在し、ヨーロッパでは昔から銀や鉛を含んだ「鉛筆」による描画が盛んに行われていました。現在の「鉛筆」のように黒鉛と粘土を混合して焼成する製造方法のものは19世紀初頭に作られるようになったといわれています。江戸時代に日本に伝わり、明治に入ってからは輸入や国内生産によって広く一般的に使用されるようになりました。

> **用語解説**
> **硬度**
> ここでは鉛筆の芯の硬さ（濃さ）を示します。
> 硬いHard（薄い）
> ↑
> 4H
> 3H
> 2H
> H
> HB
> B
> 2B
> 3B
> 4B
> ↓
> やわらかいSoft（濃い）

鉛筆の**硬度**は硬さを表す記号である「H」（Hardの略）と、濃さを表す記号である「B」（Blackの略）によって分類され、併記される数字が大きくなるほどそれぞれの性質が大きくなることを示しています。子どもが使用する場合は、「B」の数字が大きいもの（2B・4Bなど芯のやわらかいもの）が描画用として適しているでしょう。やわらかい芯の鉛筆は、筆圧や角度によって線の表情が変化しやすいため、子どもたちの個性的で面白い表現が作品に強く表れます。また、硬い芯の鉛筆に比べ、消しゴムで消したり、手で擦ってぼかしたりすることも簡単です。

一方、色鉛筆の芯は顔料（着色顔料・着色染料）・ロウ・脂・粘土・白亜などを主成分としており、黒鉛鉛筆のように焼成せず、これらの素材・材料を練り固めて作られています。メーカーや商品によって芯の硬さはまちまちですが、鉛筆と同様、幼児の描画にはやわらかいタイプのものが適しているでしょう。また、最近では「水彩色鉛筆」など、描いた線を水で溶かして水彩画のような効果を得ることができる鉛筆も普及してきました。

写真2-29　画材の工夫例「安全いろえんぴつ」

写真2-30　支持体の工夫例「いろいろな形の紙に描く」

鉛筆や色鉛筆はクレヨンと比べて、芯が折れやすいこと、削る手間のかかること、塗り面の面積が細く発色が弱いことなどから、主に年長クラスにおいて使用されてきました。保育の現場における鉛筆の使用は、安全をどのように確保するかが活動の重要なポイントです。しかしこれは逆にいえば、使用に際して「折れる」「踏む」「刺さる」などの危険を回避することができれば、年少の幼児も鉛筆で絵を描くことができるということです。例えば、何色かの色鉛筆を輪ゴムなどで束ねることで、危険を避けることもできます。

ちょっとした工夫を行うことで，子どもたちと一緒に鉛筆ならではの表現を楽しむことができるのです（写真 2-29）。

また，「何に描くか」や「どのように描くか」にも少し工夫をしてみると，鉛筆やボールペンなどの筆記具は子どもたちの興味を惹きつける魅力ある画材となります。紙皿・コースター・破った紙・和紙・板など身近な材料を使って素材感の違いを感じ，形の面白さを体験してみましょう（写真 2-30）。

2．ボールペン

ボールペンはもともと筆記具として開発され，その名のとおりペン先に小さなボールが入っており，これが回転することで内部のインクを紙に送り出して線を描きます。ボールペンは鉛筆と同じく年長の子ども向きの画材といえるでしょう。

描画材料としてのボールペンの魅力の一つは，何といっても滑らかな「描き心地」にあります。大きな紙にボールペンでのびのびと線を描いてみると，ペン先のボールが転がる滑らかな感触を味わうことができます。ボールペンは筆圧の変化によって線の幅が変わることが少なく，力のコントロールがうまくできない子どもでも一定幅の線を継続的に描くことができます。破った紙の周囲からその形に沿って絵を描いたり，ゲームのように点を線で結んだりすると面白い模様を描くことができます（写真 2-31）。また，紙に対してボールペンを寝かせて線を描くと独特の「かすれ」の表現が現れます。

このようなボールペンの特性を理解すると，私たちが日常の生活で行っている「カーボン紙や感圧紙を利用した場合にはボールペンで書く」というちょっとした行動にも必然性が出てきます。**カーボン紙**や**感圧紙**には，鉛筆やマーカーよりもボールペンの安定した強い筆圧と滑らかな線描が適しているのです。こういった効果は紙にコンテやクレヨン，鉛筆を塗り付けてカーボン紙の代わりにしても簡単に体験することができます。

また，**スクラッチ技法**で絵を描くとき，黒クレヨンで塗りつぶした画面に紙を乗せてその上からボールペンで絵を描く（なぞる）と，ボールペンで押された部分の黒クレヨンが紙にうつって剥がれるため，スクラッチ（けずる）作業と同じような効果が得られます。身近な描画材料の特性を理解することで，いろいろな応用が可能になります（写真 2-32）。

用語解説

カーボン紙・感圧紙
宅配便の伝票などに使われる「筆圧による裏うつり」を利用した複写用紙。

スクラッチ技法
まず画用紙にクレヨンでカラフルな色を塗り，その上から黒クレヨンで画面を塗りつぶします。次に，箸ペンなどの尖ったもので画面をひっかいて黒クレヨンを部分的にはがし，下層にあるカラフルな色を露出させることで描画を行う絵画技法です。

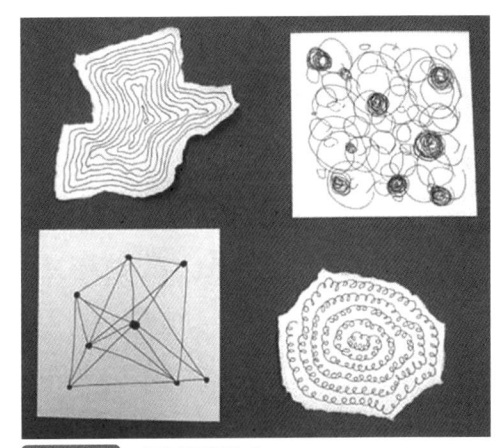

写真 2-31　点や線で描く

写真 2-32　クレヨンとボールペンを用いた複写の応用

（杉本亜鈴）

コラム① 「一人一人の表現を見つける視点とは」表現の読み取り1

「表現」という言葉はよく使われますが，その意味は人によってずいぶん違います。一般的には「絵がうまい」「演奏がすばらしい」など，技術的なことで表現の価値を決めています。しかし，その考え方では「表現」の意味は上手・下手という技術…つまり下手だと表現力がない，ということになってしまいます。それは**保育の中の「表現」とは異なります**。

保育（人が育つのに欠かせない考え方として）は，「表現」をはじめとした五つの領域を総合的に"あそび"を通して行うものです。特に「表現」は，①お互いにわかり合える，**②自分の考えや思いなどを伝える，③考えや思いなどを広げ深める，④気持ちを落ち着かせる・高める**，などの手段として重要です。

その考え方で「表現」を定義すると「表」と「現」との両面ある…ということです。「表」は**意思がある行動すべて**，「現」は**その人の内的な変化が無意識のうちに表情**（顔の・態度に・行動に・描いている線になど）に出ているものです。ですから，「表」は**聞く耳を持つ**ことです。「あのね…」と言っているのですから。「現」は**読み取るもの**です。内的な変化が無意識のうちに，さまざまなしぐさの中に潜んでいるものですから，感じ取れる能力が必要になります。それが**読み取る力**です。

人間は誰でも図1のように〈感じ〉〈考え〉〈行動〉しています。子どもも同じです。保育は子どもの〈感じ〉〈考え〉〈行動〉に寄り添うこと，認めることで，読み取る力が必要になります。認められた子どもは意欲的に育ち，主体的な人になってくれます。**読み取る力**を試してみましょう。

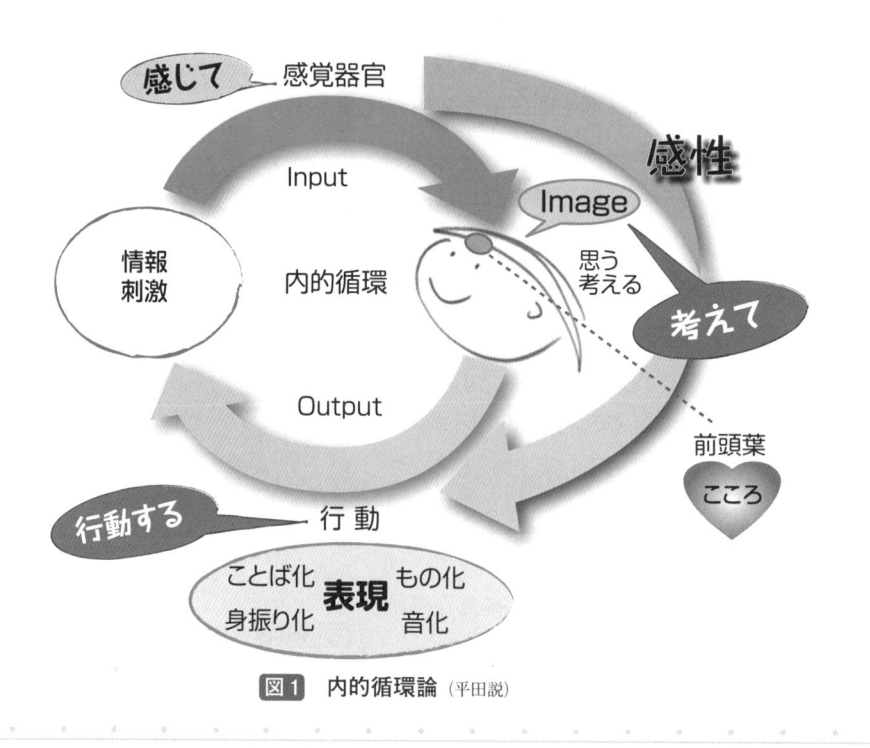

図1 内的循環論（平田説）

技能的な上手・下手は「表現」とは関係ないことはすでに話しました。それならば，子どものさまざまな行為から〈感じて〉〈考えて〉〈行動する〉が読み取れますか？
　写真1の1歳児の様子からあなたは何を読み取れでしょうか。試してみましょう。

　写真2のダンボールに絵の具で描いている子どもの様子からも読み取ってみましょう。どうしても「何を描いたの？」と聞いてみたくなりますね。でも聞いてはいけません（写真ですから聞けませんが，実際の場面でも聞くのはNGです）。

【ヒント】
　写真1は目線と左足の緊張した指です。さらに右手の親指と人差し指にも注目です。

　写真2はどうですか。子どもの大きさから推測するとわかりますが，描いている線が長くなっています。その線が時折方向を変えています。

　以上のような，子どもを見つめるあなたの視線が保育の始まりです。教えてあげるという考えや，手伝ってあげるという態度だけでは保育になりません。造形を通した「**子ども見つけ**」が保育を学ぶ近道です。
（平田智久）

写真1　1歳児

写真2　段ボールに絵を描いている子ども

3章 身近な素材との出会い・ふれあい

1節　水

1．全身で水とふれあおう

　よく晴れた暖かい日には，濡れてもよい服装に着替えて，屋外で思いっきり水遊びをしましょう。童心に返って，全身で水とふれあいましょう。

　みなさんは，子どものころに水を使ってどのような遊びをしましたか？　例えばシャワー遊びでは，ホースから勢いよく水を出してかけ合ったり，噴水を日光にかざして虹をつくったりしたことはありませんか？

　穴を開けたホースや塩ビパイプをつなぎ合わせると，いろいろな形で噴水するシャワーがつくれます。例えば，川や池づくりなど，子どもは水たまりが大好きです。ビニールシートに水をため込んでみましょう。持ち上げようとすると意外と重い水ですが，下からのぞきこんだり，一気に流したりすると楽しい遊びになります。

　さて，コンクリートの地面の上だと，まかれた水がしみこんで形が残りますね。手型・足型を押し当てたり，水を含ませたぞうきんを投げつけたりして，水でいろいろな形を作ってみましょう（写真3-1）。ただし，その形はいずれ消えていきます。その様子を見るのも楽しみたいものです。

写真3-1　手型・足型遊び

2．水を見ることを楽しもう

　写真3-2の女の子は，自分でつくった色水を日の光にかざしています。「お魚が泳いでいるよ」と指さした場所には，紫色の水の影のゆらめきがありました。

　排水溝にできる渦，しずくが落ちた水面の波紋など，水は実に多様な表情を見せてくれます。さまざまな水の表情を見つけてみましょう。身近なものを使って作り出してみましょう。例えば，先の色水を光の当たるアルミホイルの上に並べると，宝石のように輝きます。いろいろ試してみましょう。

写真3-2　色水遊びを楽しむ子ども

3. モノと人とのかかわり

保育現場の夏の遊び道具に**ウォーターマット**があります（写真3-3・3-4）。触ったり体を乗せたりして、全身でその感触を楽しむことができます。ウォーターマットを作って、その感触を味わってみましょう。

さて、ウォーターマットとかかわる時に、みなさんはどのような行動をとりましたか？ 手で触る時は優しく抑えて、体を乗せてみる時はゆっくり体を預けてバランスをとりませんでしたか？ 実は、人間の行為には"モノをこう扱いたいからする"のではなく、"モノの方がこう扱うようにさせている"という面があると考えられています。こうしたモノとのかかわり方についての認知的な能力は、環境を探索し、環境とかかわるなかで獲得されるといわれています。これを**アフォーダンス**（affordance）といいます。

もしもこの力がきちんと備わっていなければ、人間はモノの価値についてとらえることができず、まともに生きていけません。赤ちゃんは、自分の力で自分の体を移動することができるようになると、さまざまな場所に探索しに行きます。それは、身の回りの環境とどうかかわればよいのか、全身の感覚を用いて理解するうえでとても重要な活動なのです。

補足

ウォーターマットの作り方
① ビニール袋を用意します。布団保管用のものなど、厚手でジッパー付きのものが使いやすいです。
② 口から水を少しずつ注ぎ込み、ビニールテープで口をしっかりふさぎます。水の量を増やしたり、水の中にゴムボールや水風船を入れたりすると触感が変化します。
③ 地面にはあらかじめカラーマットかダンボールを敷いておきましょう。

用語解説

アフォーダンス
アメリカの知覚心理学者ギブソン（J. J. Gibson）による造語。
環境（にあるもの）は、それを知覚する者にとっていかなる価値を持つものなのか、その情報を「与える（afford）」といいます。

写真3-3 ウォーターマットで遊ぶ（1歳児）

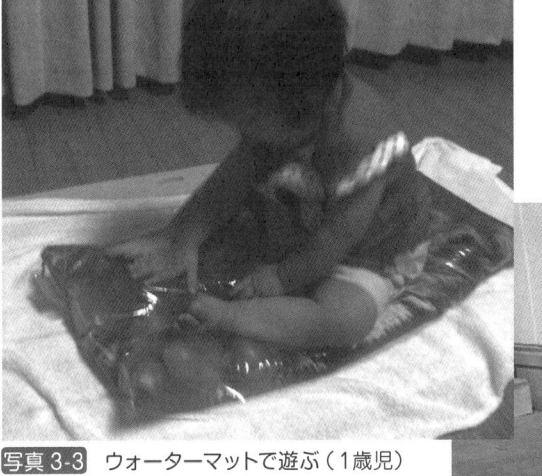

写真3-4 ウォーターマットで遊ぶ（2歳児）

（武田信吾）

2節 植物（木・樹・葉っぱ・花・木の実）

1. 身の回りの植物に目を向けてみよう

描く対象としてだけでなく，植物そのものを素材として何か形づくる活動に取り組む前に，私たちの身の回りの植物をもう一度見直してみましょう。季節によって，姿を変える植物に注目して，**材料探し**に出かけてみましょう。初夏の生垣には，何種類ものツル草が絡みついています。葉の形，花の形，ぜんまいのようなひげヅルを持ったものなど，根元のほうからはがすように引っ張るとうまく外れます。1〜2mの長さに切り取ってみましょう。ヒルガオは，午前中ならばピンクの花が開いています。濃い緑の葉が印象的なカラスウリの花はレースのように美しいのですが，夜間に開花するのでつぼみしか見られません。ヘクソカズラ・ヤブガラシ・ノブドウの花は地味ですが，葉の形や実が魅力的です。秋にドングリが落ちているような場所に行ったら，近くにある樹を見上げて見ましょう。緑色のドングリが葉の影に隠れているかもしれません。木々の下には，多くの草花がさまざまな形の葉や花をつけています。エノコログサ（猫じゃらし）・カヤツリグサ・イヌビエなどの単子葉植物の穂が面白いもの，イヌタデ（アカマンマ），ツユクサなどの花々や形の面白い葉を集めてみましょう。

2. 植物を集めたら何かを作ってみよう

(1) 花を飾る・花で飾る

集めてきた草花を身近な場所に飾ってみましょう。扱いやすい背丈の低いガラスの瓶やコップに彩りを考えながら挿してみたり，吸水性スポンジ（オアシス）に挿してみます。花弁や葉を深めのお皿に張った水に浮かべてみます。子どもたちは，ままごとや砂遊びの飾りつけにも植物を使います。

写真 3-5　花や葉っぱで飾ったケーキ

(2) 落ち葉で遊ぶ

秋の深まりとともに，園庭には落ち葉が降り積もります。色や形の違いを楽しむ前に，子どもたちは木の葉の感触を楽しみます。地面に落ちたばかり木の葉は水分が多く，足で踏んでも音はしません。時間がたって水分が少なくなると，カサコソというような音を立て，落ち葉自体も崩れていきます。落ち葉を一か所に

補足

材料の準備
持ち物：植物を切るハサミ
　　　　紙袋（大・小）
　　　　軍手
服　装：長袖のシャツ
　　　　長ズボン

集めておくと，子どもたちは手のひらですくい上げて頭の上に投げ上げたり，「おふとんみたい」と言って，落ち葉の山に寝転んだりして楽しみます。一様に，「もみじ」といっても赤いもの，黄色いものなど木の種類によって色づき方や葉の切れ込みの様子にも違いが見られます。

写真 3-6　落ち葉のおふとん，フカフカです

(3) 木の実

ブナ科の木の実の総称がドングリです。シイ・ナラは縦長，クヌギ・カシワは丸い形の実が殻斗（かくと）の中に入っています。

形や大きさの違いに着目して工作の材料にしてみましょう。こま，やじろべえのほかに，転がる特性を利用してドングリエレベーターを作ってみました（写真3-7）。ペットボトルの口から20cm，底から10cmくらいに切り離したものを6個用意します。底に穴を開けておきます（一番下になるものには底に穴を開けない）。穴の部分をずらして，底の部分を重ね合わせビニールテープかカラーガムテープでつなぎ合わせます。口からドングリを入れ，下に落として遊びます。

マツボックリも種類によって大きさや形が違います。直径3cm程度のカラマツ，長さ15cmくらいあるドイツトウヒ，食用の松の実ができる朝鮮五葉松（ごようまつ）は縦12cm直径8cmくらいにもなるものがあります。形や大きさの違いを利用して，さまざまなものを作ることができます。日本で多くみられるアカマツやクロマツのツボックリを木に見立てて，ミニクリスマスツリーを作ることもできます。

写真3-8は園庭で育てたサツマイモのツルを乾かし，さまざまな木の実とリボンを使って作ったクリスマスリースです。接着にはホットボンドが便利ですが，やけどをしないように十分注意をすることが必要です。

補足

殻斗

ドングリの帽子とかハカマと呼ばれるもので，ドングリの成長を保護する役割を果たしています。殻斗は種類によって異なります。地面に落ちているドングリは，成熟しているので殻斗は付いていません。図鑑で調べるときのために，木の枝に残っている殻斗も一緒に集めてくると区別がつきやすくなります。

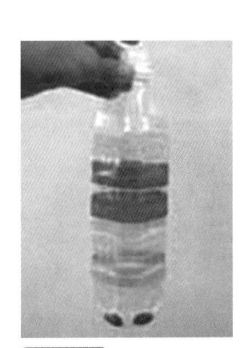

知識を深めるための 参考文献

・松岡達英（構成），下田智美（絵と文）『木の実とともだち―みつける・たべる・つくる―』偕成社，1996年
・前田まゆみ（絵と文）『野の花えほん　秋と冬の花』あすなろ書房，2010年
・前田まゆみ（絵と文）『野の花えほん　春と夏の花』あすなろ書房，2009年
・安池和也（絵と文）『木の葉の画集』小学館，2009年
・群馬直美（絵と文）『木の葉の美術館』世界文化社，1998年

写真 3-7　ドングリエレベーター

写真 3-8　イモヅルと木の実で作ったリース（5歳児）

（武田京子）

3節　泥土・砂・粘土・石

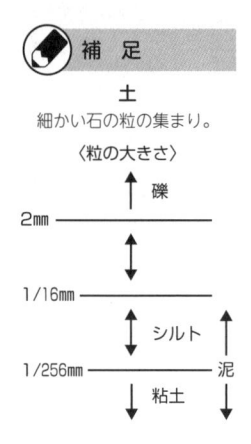

1.「触れる」から「気づき」へ

　毎日の生活の中ではあまり意識することはありませんが，私たちは「土」の上で生活をしています。身の回りにある多くのもの，木もガラスもプラスチックもコンクリートも，土に植え，土を加工し，土に穴を掘ってそこから生産されるものとして出来上がっているのです。地球で生きる生物としての人間，この大前提が実は「土」による生活といってもよいのではないでしょうか。

　子どもたちの目線に立って見ると（目の位置を下げてみると）地面が近いことに気づくでしょう。道を歩いているとき，園庭で遊んでいるとき，景色を眺めているとき，子どもたちは大人の視界よりはるかに多くの土（地面）を見ていることになり，土に近い世界で暮らしているといってよいでしょう。

　土や石，大人にはちょっと距離のあるものかもしれませんが，子どもたちにとっては身近な素材です。この土や石に触れてみると，そこからはさまざまな印象が伝わってきます。そしてその「ふれあい」から多くの気づきが生まれ，その気づきが種となってイメージ世界が広がっていきます。触れることは新しい気づきへの入り口です。目で見てわかることと，実際に触れて初めて気づく世界。この触れて感じてわかる日々の生活，この感覚を大切に育てていきたいものです。

2．泥土と砂

(1) 泥に触れる

　土に多くの水が含まれているとそれは「泥」という状態になります。泥には「泥汚れ」「泥棒」など，少し悪いイメージがありますが，人間生活の基盤である「土」と，生命の源である「水」とが混じった，ある意味では人間にとって最も根源的な状態ともいえるでしょう。子どもたちは全身で泥にかかわり，泥に浸ります。みなさんも泥に触れて，幼いころの泥とのかかわりを思い出してみましょう。

　大人になると，子どもたちのように身近な泥とかかわることは難しいかもしれ

> **補　足**
> 土
> 細かい石の粒の集まり。
> 〈粒の大きさ〉
> 2mm ── 礫
> 1/16mm ── シルト
> 1/256mm ── 粘土　泥

写真 3-9　泥に浸って　　　　写真 3-10　興味を惹くのは

ません。泥が身近にない環境であっても，粘土に水をかけて泥状態にして触れてみると，水を含んだ泥のひんやりとした感触や，ヌルヌルした手触りを感じることができるでしょう。腕を大きく動かして泥の感触を味わってみましょう。フィンガーペインティングとも共通するような開放的な気分を楽しむことができるでしょう。ロクロでは粘土に水をかけて泥状態にして，その中から美しい形，生活の器を作っていきますが，子どもたちが大好きなドロドロの土を大人の基準であらためて感じ取れる，そんな体験としてとらえてほしいものです。手の中で泥土が変形していく感覚を通した興奮，指先に感じる土の感触と作り出される形の関係，心の中ではどのような動きがあるのか，そのことに目を向けてみましょう。

写真 3-11　子どもがであっているものは　　写真 3-12　粘土に水を加える　　写真 3-13　泥の制作を楽しむ

　指跡が残るぐらいの水分を含んだ泥は，握るとさまざまな形に変化します。いろいろなかかわりを楽しんでみましょう。握る，指で突っつく，伸ばす，重ねる，積む，倒す…どのような取り組みが生まれましたか。ていねいに丸めて大きな泥団子を作った記憶がよみがえる人もいるでしょう。泥団子作りも子どもたちの心をとても惹きつける泥とのかかわりです。大きい泥団子，きれいな泥団子，落としても割れない強い泥団子を求めて，作った泥団子を秘密の場所に宝物のようにしまっている子どももいます。

　そんな泥団子作りにチャレンジしてみると，泥の感触を"感じ・考え・作る"過程で，泥が子どもの心を惹きつける秘密を実感するきっかけになるでしょう。

【泥とのかかわり】

写真 3-14　どんな感じ？　　　　　　　　　　　　　　　　写真 3-15　泥団子

(2) 砂に触れる

　砂土の粒が1/16mmから2mmの物を砂といいます。泥と比べると粒が大きく，その感触も変わり，粒一つひとつの存在感が増し，重さと温度と湿り気を強く感じるようになります。泥のヌルヌルと，砂のザラザラの違いを感じることは，土を意識することの第一歩となるでしょう。

　砂に手を埋めて中で手を握り砂の感触をつかんでみましょう。手のひら，腕からどのような感覚が伝わってきますか。湿った砂なら手の中でお団子を作ってみましょう。そのとき頭の中にどんな言葉が浮かんでくるか，連想ゲームのように探してみます。次々と湧き出すイメージ世界，砂に触れながら砂山を作り，どれだけたくさんの連想を広げることができるでしょうか。

写真3-16　砂の重さ，温度，粒の気持ち

(3) 泥土・砂の遊び

　幼い子どもたちに目を向けてみましょう。園庭や砂場の泥や砂で子どもたちは毎日のように遊んでいます。いったい，子どもたちは泥や砂とどのようなかかわりをしているのでしょうか。

【戸外で遊ぶ子どもの気持ちを考えよう】

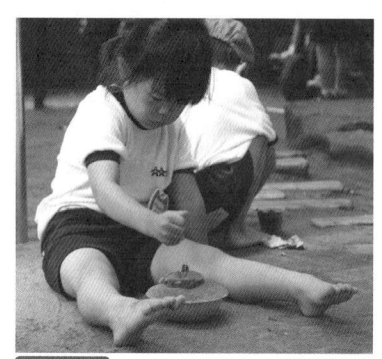

写真3-17　容器にぴったりに入れて，砂をかける

写真3-18　友だちと感触を楽しむ

写真3-19　泥のケーキに花を飾る

写真3-20　砂で描く

写真3-21　集中して

子どもの泥や砂とのかかわりに接して、どんなことに気づきましたか。園庭や砂場など屋外の活動が中心になることに気づいた方も多いでしょう。屋外の活動ですから四季折々の自然や天候と密着したかかわりがたくさん生まれます。

　泥や砂で作ったごちそうやケーキなどに、季節の花や木の葉、枝などを飾る姿も見られます。梅雨時の久しぶりの晴れ間の水溜りには、全身泥んこになって遊ぶ子どもたちがいるでしょう。中には泥や砂に触れるのを嫌がる子どももいます。泥や砂の感触や見た目がいや、汚れが嫌い、大勢の遊びに慣れていないなど、いろいろな背景があるでしょう。みなさんの中にも泥や砂に抵抗感のある人がいるかもしれません。子どもの姿や、自分の気持ちから何がいやなのか、検討してみましょう。途中から抵抗感がなくなった人は、そのきっかけは何だったのかも考えてください。

　子どもたちが遊んでいる砂場に目を向けてみましょう。親しい友だち同士がダイナミックに遊んでいる姿に目がいきがちですが、大人の指示や制約なしに、作ったり壊したりを繰り返す楽しさや、異年齢のかかわりがあることに気づいたでしょうか。友だち同士で山や川・穴を作って遊ぶ場面では、大きなスコップや水を運ぶバケツ、流すための雨といがあると遊びが一層ダイナミックに展開していきます。しかし、シャベルなどの用具の取り合いや、作りたいもののイメージが食い違ってぶつかり合うこともあります。子どもたち自身が砂に主体的にかかわりながらイメージを広げ、仲間と相談し考え方の違いを乗り越え、力を合わせて砂山や川などを作り上げる過程で社会性が育っていく点も注目したいところです。

写真3-22　イメージをしながら、一人一人の役割を考えてみましょう

写真3-23　スコップで何を確かめているのでしょうか

【砂場の活動を考えよう】

写真3-24　水を流し、水があふれると、子どもたちの遊びはどのように発展していくのでしょうか

3. 粘土

粘土にはさまざまな種類がありますが、いずれも「可塑性(かそせい)」という点で共通の特徴があります。可塑性とは何か作用を加えると、それに従って加えた作用の通りに形を変えていく性質です。つまり誰かが指で突けば突いたとおりの形になり、丸めれば丸めた形、伸ばせば伸びた形とその人の意志に応じてさまざまな形に変化していきます。いわばその人の意志・思いがそのまま形となっていくわけで、「自分の気持ち」を形に見ることができるわけです。別の言い方をすれば、粘土がどのような形になっていくか、その形を深く感じることができれば自分が今どんなことを心の中で思っているのか、自分自身を知る手がかりにもなるのです。

特に自分の思いをストレートに発することができる子どもたちにとっては、気持ちの形が出来上がり、その形がまた刺激となってさらに次の発想へと進み、次々と自分のイメージ世界を広げていきます。つまり、自分の想像世界を広げ、より豊かな時間と空間を作り出すためには、目の前の一握りの粘土を自分はどんな形に変形させていくか、それを感じ取ることから始まるのではないでしょうか。

写真 3-25　粘土の餃子

(1) 土粘土

土粘土を伸ばしていろいろなものでつついてみましょう。指の跡、粘土べらの跡、ボールペンの跡、洗濯バサミの跡、ねじの跡、鍵の跡…、さまざまなものの形がそのまま粘土に写っていきます。粘土の感触を味わいながら自分の指で押してみましょう。そうした自分の作用・操作の跡が粘土に残るのはとても楽しいことですし、その軌跡の意味を十分に感じ取ってほしいものです。

土粘土は何か特別な粘土のように感じますが、どこの土地でも地面に粘土層があり、どこの場所からでも土粘土を掘り出すことができます。粘土の中の小石やごみを取り取り除けば、日常で使う陶器を作ることができるのです。

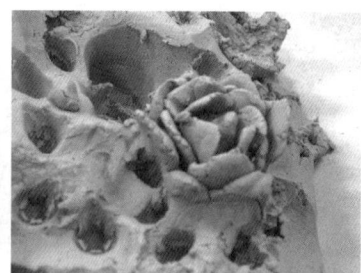

写真 3-26　粘土をつついたり、伸ばしたり、丸めたり、ねじったり

補足

粘土の種類
① 土粘土
② 油粘土
③ 紙粘土
④ 小麦粉粘土
⑤ 石粉粘土
⑥ 樹脂粘土
⑦ ロウ粘土
⑧ 中空樹脂体粘土
⑨ せっけん粘土
⑩ 液状紙粘土
⑪ 金・銀粘土

可塑性
塑性。変形しやすい性質。外力を取り去ってもひずみが残り、変形する性質（広辞苑）。本文 p.94 参照。

補足

土粘土
細かい石の粉を油を使って練ると油粘土になります。そこで、水を使って練った土粘土を「水粘土」と呼ぶ場合があります。

(2) My植木鉢

土粘土をたたいて伸ばし、粘土板を作ります。そこへ指の跡をつけたり、身の回りの小物の型押しをしたり、粘土べらで筋をつけたりして模様を作ります。丸い粘土の板に模様をつけた粘土板を貼り付け、根元を指で押しつければ出来上がりです。あとは乾燥させ、約800度になるまでゆっくり焼けば「**素焼きのMy植木鉢**」の完成です。

> **補足**
>
> **素焼き植木鉢の制作**
> 素焼き粘土で形を作る
> ↓
> 半乾燥で削り成形
> ↓
> 完全乾燥
> ↓
> 陶芸窯で5〜10時間かけて800℃まで焼成
> ↓
> 冷まし
> ↓
> 完成

写真 3-27 自分で作った植木鉢に花が咲いたとしたら、なんてすばらしいでしょう

(3) 油粘土

子どもたちが使う粘土の話をした時に、すぐに思い出されるものに油粘土があります。使おうと思った時にすぐに使え、程よい硬さでとても便利です。この油粘土とは、細かい石の粒（粉）に油を混ぜて粘性を持たせたもので、この油は蒸発がほとんどなく、そのため粘土がいつでも程よい硬さで形つくりに適した状態にいるというのが大きな特徴です。

手近なところに粘土を置き、いつでも思った時にさっと出し、感じたままに形を作ってみる、そんな活動に利用すると良いでしょう。「ちょっと試しに作ってみよう」「壊しちゃってもいいから面白く作ってみよう」「どんどん作りかえてみよう」そんな気持ちで油粘土を使ってはどうでしょうか。

写真 3-28 でんでんむしができました

写真 3-29 みんなでお風呂に入っているみたい

写真 3-30 百面相—どんな顔にもすぐ変身（目も鼻も、口も耳も自由に作り変えた面白い顔）

4．石

　造形するということは，さまざまなものの個性・特徴に気づき，その魅力を育てながら新しい価値を見つけ出すことです。たまたま見つけた石ころ，あなたはそこにどんな世界・個性・特徴を見つけ出すことができるでしょうか。そしてそれをどのように育て成長させることができ，その結果どんな魅力，新しい価値を作り出すことができるでしょうか。

【石ころの気持ち】

写真3-31　こんな石ころありました

写真3-32　この石ずいぶん白いね

写真3-33　こんな石ころに出会いました

写真3-34　丸く並べて，積み上げて，小さい順から一列に

　園庭の片隅に小さな石ころを見つけ，大切な宝物にする子どもの気持ち，その子にはいろいろなお話が頭に浮かんでいるのでしょう。いろいろな世界が見えているのでしょう。あなたが道の片隅で，小さな石ころに出会ったとき，あなたは

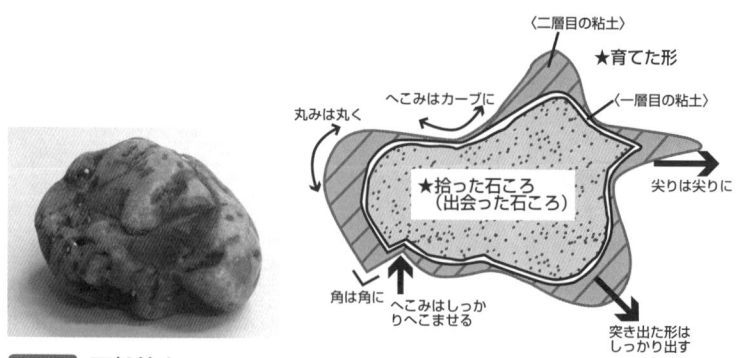

図3-1　石粉粘土（石ころの形の個性を際立たせるように，斜線部に粘土をつけていきます）

3章　身近な素材との出会い・ふれあい

その石にどのような世界を見ることができますか，どのような魅力（価値）を育てることができますか。個性の形を育ててみましょう。

石ころの形を指で感じながら，出っ張っているところはどのような形に出っ張っているのか，角になっているところはしっかりと角になるよう，**石粉粘土**を付け盛り上げてみましょう。尖っているところは尖らせ，凹んだ形はしっかりと凹むようにして（これは凹みの周りを盛り上げてみると凹みの形がはっきりしてきます）粘土が完全に乾燥したら，**紙やすり**を使って磨いてみます。形が整理されて自分が見つけた石ころの個性が際立ってきます。

補　足
石粉粘土 細かい石の粉に接着剤成分を混ぜて練り合わせ，粘土状にしたもの。乾燥硬化すると石のような硬さと滑らかな肌を作ることができます。新しい製品も次々開発され人形作家なども多く用いています。 **紙やすり** 紙やすりにはさまざまな種類があり，ザラザラの程度が裏面に番号で表示されています。数字が小さいほど粗くなります。ここでは120番程度のやすりで大丈夫です。

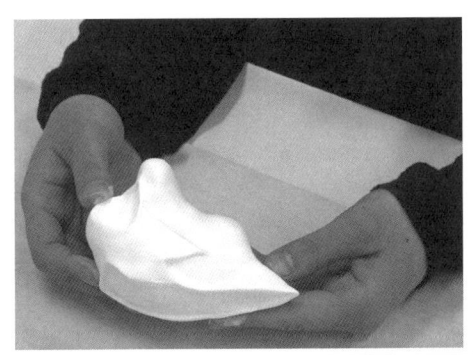

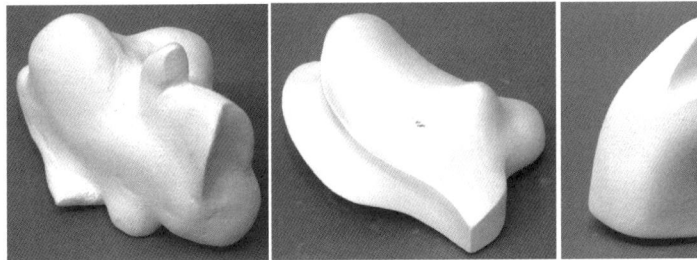

写真 3-35　石粉粘土で形を育て，紙やすりで磨いた形。形の個性が際立ちます

たまたま出会った小さな石ころ，気がつかなければ意識していなかった石ころでも，「どんな形をしているの」「どこがへこんで」「どこが丸く」「どこが尖っているの」と問いかけてみると，一つひとつみんな違ってそれぞれの個性を持っています。その出会った個性を大切に育てると，実に見事なオブジェに変身するのです。手にした石ころをどう感じ，その形をどう理解し，どこに粘土を付けて磨いていくか，自分の意識次第で見事に魅力的な個性のオブジェが出来上がるのです。たかが石ころですが，重さを，色を，でこぼこを，硬さを，温度を問いかけてみてください。そこにはその石ならではの味わいがあるはずです。その味わい，魅力を感じることができるか，それは私たちの感性・感覚しだいです。身の回りのさまざまな素材があなたに語りかけるのを待っているのではなく，自ら問いかけてみましょう。問いかけた人に素材はいろいろな語りかけをするでしょう。そして思いもかけない魅力の世界を紹介してくれることでしょう。

（堀内秀雄）

4節　光・風・空気

1．手で持つことのできない素材

　実際に手に取ることのできない光・風・空気といったものは，造形の素材としてイメージしにくいかもしれません。しかし，私たちは，この光・風・空気を利用してさまざまに遊んできました。思い出してください。あなたは，光・風・空気を使ってどんな遊びの経験をしてきましたか。光・風・空気を利用したおもちゃにはどんなものがありますか。

　影絵遊び，影踏み，万華鏡，風車，凧，紙飛行機，竹とんぼ，パラシュート，ゴム風船，紙風船，豆鉄砲，草笛…。「光・風・空気」を利用した遊びやおもちゃは数多くあります。

2．光

　光をどんなときに意識しますか。太陽がまぶしい時，厚く垂れ込めた雲の切れ間から差し込む一条の光，町の夜景，花火，車のヘッドライト，キャンプファイヤーや焚き火。光がなくては見ることはできません。光はあってあたりまえと日常は意識しないことも，非日常的な状況にあると意識することがあります。夏はまぶしく暑い太陽光線を避けても，冬はそれが恋しかったりします。電灯などの人工的な光は，当然のことながら，たやすくコントロールできます。しかし，自然の光も日常生活の中で限定的にコントロールしているのです。日傘をさしたり，窓のカーテンを閉めるのは，光を遮ったり弱めたりする行為です。

　窓ガラスに色セロファンを貼ってみましょう。室内に入る外光は色がつきます。ペットボトルにカラーインクで作った色水を入れて日なたに並べれば，色の光の影が並びます。ビー玉も光の中に置くとガラスを透った光と反射する光でキラキラと美しく見えます。

3．風・空気

　風は，微風であれ強風であれ，その中に立てば感じることができます。リボンを手にしたり，タオルやTシャツを広げてみたりして風の強弱を感じてみましょう。自然の風と扇風機のような人工の風では，感じ方にどのような違いがあるのでしょうか。

　光よりも無意識に接しているのが空気かもしれません。水泳をしているとき，歌を歌っているとき，X線写真を撮るとき。これらはすべて呼吸として空気を意識しています。それ以外ではどんな時に，空気の存在を意識していますか。

　スズランテープのように薄くて軽い紐やテープは風によくなびくので，風を感

補足

色つきのビニール袋を切ったものは，水で濡らすだけで簡単に窓ガラスに貼り付けられます。

写真3-36 風と遊ぶ

写真3-37 パラバルーン

補足

「パラバルーン」という，パラシュートクロスで作られた遊具があります。風を起こしたり空気をつかまえて風船のようにしたりして集団遊びに用います。

じる遊びに適しています。ビニール袋を持って走ったり，風に向ければ袋に空気が集まります。

向かい合った2人が，開いた新聞紙の両端を持ち，上下させると風が起こります。新聞紙を2枚，4枚とつなぎ，人も4人，8人と増えれば，風も大きくなります。

ビニール袋を開いてセロハンテープで貼り合わせると，大きな風船ができます。写真3-38のものはホールの天井まで届く大きなものです。手で押したり体当たりして中の空気の感触を楽しみます。半透明のビニール袋にマーカーで描画・彩色していますので，中に入ると透過光も美しく，異次元の空間に迷い込んだように楽しく遊べます。

薄手の黒いビニール袋で熱気球にすることもできます。よく晴れた寒い日に，布団乾燥機で熱した空気を入れ，太陽光を十分に当てると浮かび上がります。

写真3-38 大きな風船

写真3-39 大きな風船の中

4．環境

さまざまな素材や自然現象を媒介に，造形感覚や感受性を育む保育を目指すとき，それらの媒体と子どもたちがいかに出会うかを演出するのが重要になります。陽の光がいっぱいの園庭では，自然と影踏み遊びが始まり，風が吹けば手にした小枝の葉っぱは愉快に踊り出します。子どもたちが自ら発見し，主体的な遊びの活動へと移行できる環境とはどのようなものか考えてみましょう。

(沖中重明)

5節　布・ひも・毛糸

1．毛糸やひもをどんどんつなげて

　ひもや毛糸は子どもたちにとってとてもなじみ深い素材です。編んでいくことによって，形が生まれ発想が広がっていきます。ここでは「ひもでできた国で遊ぼう」という投げかけから思い思いに子どもたちが活動しています。

　写真3-40では，指先を上手に使いながらさまざまな色のひもや紙テープ，細く切った新聞紙を結んでいます。手触りの違う線材料を結ぶことは，子どもたちの豊かな触感覚を育てます。

　写真3-41では，さまざまな線材で結ばれた「線の世界」に入って，思い思いの想像を広げながら活動しています。子どもたちの目線からどのような世界が広がっているか想像してみましょう。

写真3-40　指先の感覚を使って楽しみながら結んで

写真3-41　部屋中がひもの世界になったよ！

2．ひもを編んで

　ひもや布は子どもたちにとってとてもなじみの深い素材です。ここでは3歳児が滑り止めシートの穴にリボンを通す遊びをしています。このような編む行為は，リボンが目の前で形となっていくさまを実感できる行為です。

　編むという行為は同じでも一人一人関心は違います。何に関心を持って編んでいるのでしょうか。

　この編む遊びの中では，子どもたちは何かを表そうという思いから編んでいるというより，素材とかかわる中でイメージが浮かび，新しい行為へとつながっています。頭にあることを表現しようという考え方は大人の場合は一般的です。しかし，幼児の場合は行為からイメージが広がることも多いということをしっかり覚えておいてください。

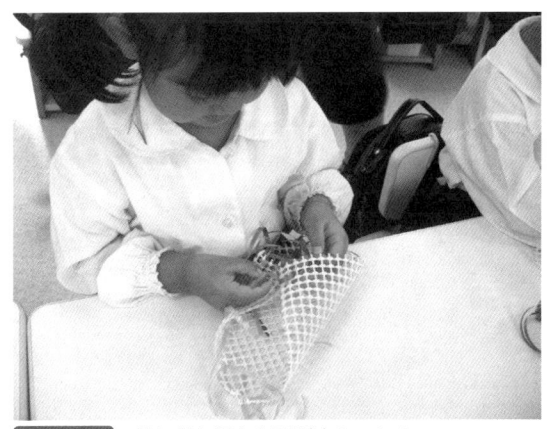

写真 3-42　どんどん編むと形が変わったよ

　写真3-42の幼児は赤いリボンからお話が浮かんだようです。「消防士さんが海の中ではたらいてるの」とうれしそうに話してくれました。リボンの形や色から思いもよらないイメージをもちます。

　このように，何を表しているのか子どもから無理に聞き出さなくても，子どもが自分で思い浮かんだイメージは自然に話してくれます。保育者はしっかりその話を受け止め共感することが大切です。

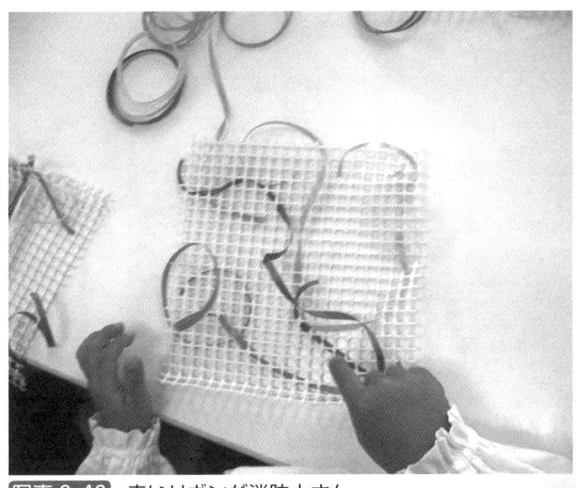

写真 3-43　赤いリボンが消防士さん

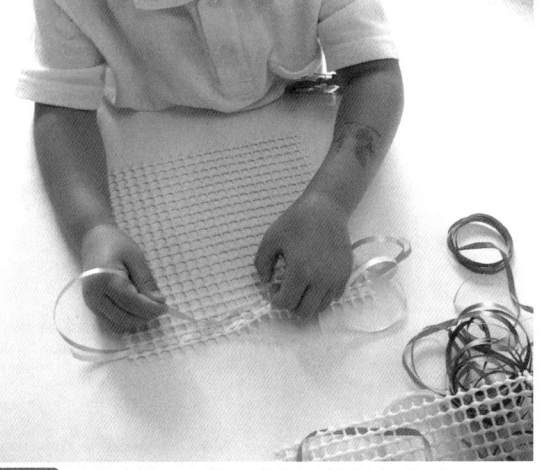

写真 3-44　指先を使って感じ・考えながら編んでいます

3. 布と遊んで

　3m×5mのストレッチ布を触ってみてどんなことができるか，体を動かしながら考えてみました。

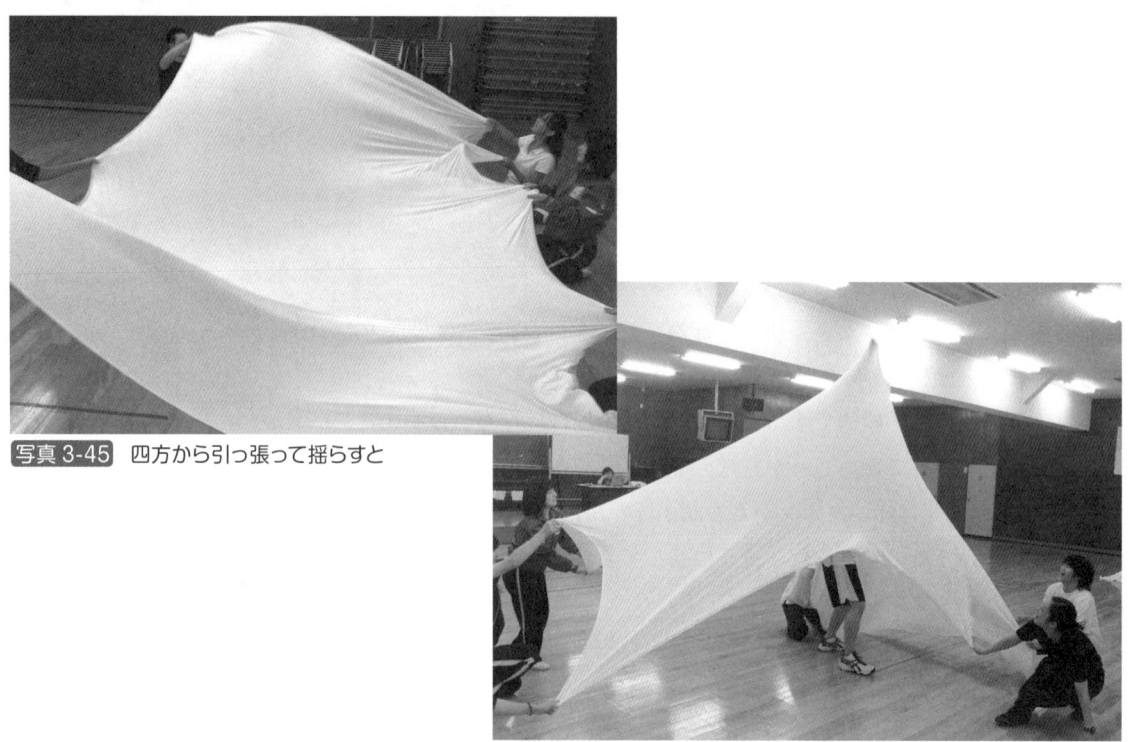

写真 3-45　四方から引っ張って揺らすと

写真 3-46　さらに伸ばしてみると新しい気づきが

写真 3-47　引っ張ることで裂けていく

布の端を持って引っ張ると、まるでたこの足のように広がりました。この瞬間の驚きが次のイメージの広がりとなります。材料と驚きをもって出会うきっかけをつくるのも保育者の役目です。

　写真 3-47 は木綿の布に切れ目を入れてそれぞれの方向に引っ張ってみた様子です。写真 3-46 との比較をしてみると布でも種類によって全く違う表れをしていることが理解できるでしょう。

　ここで違うのは見た目だけではありません。写真 3-46 の場合は布が伸びるとき収縮しようとする強い力が働きます。子どもたちなら、まるで綱引きをするように力を入れて布の伸びに負けまいと力を入れることでしょう。

　写真 3-47 の場合は、布が裂けていくときの音や手に残る振動も感じていることでしょう。このように、見た目だけではなく体全体の感じ方が違うと、次の行為も変わってきます。さまざまな素材の特徴を、保育者は実感を通して理解することが大切です。

【チャレンジ問題】

　布を使ってどんな遊びができるでしょうか。右の写真を見ながら考えてみましょう。

　布を使った遊びでは身にまとい何かになりきる遊びや、布の体感そのものを楽しむ遊び、動きをつくり出す遊び、ルールを決めた遊び、勝敗のある遊びなどさまざまな遊びが考えられます。

　布は一日中身にまとっているという意味からしても、とても身近な存在であり、さまざまな取り扱いに関して身体に優しく呼応してくれる素材です。それと同時に布は、とどまった形として固定することが難しいので、常に動きが生まれる素材でもあります。身体から離して視覚的にとらえることができる素材は、作品として成り立ちやすいので造形材料として幅広く使用されますが、布は常に身体とかかわっていることで、そのよさを発揮する素材であるといえます。

　このような意味においても子どもと布のかかわりは、保育において重要な位置を占めているといえるでしょう。

写真 3-48　中に入ってお互いに引っぱりあうと？

写真 3-49　ねじりながら伸ばして

（石賀直之）

コラム② 「子どもの気持ちをくみ取る対応とは」表現の読み取り2

　コラム①で述べたように，表現は「表」と「現」と両面があります。特に「現」を大切に受け止めることで，その人の内面に触れることができるので重要です。

　内的な変化は，性別・年齢・興味関心・経験の有無・体調・心持ちなどによって，同じ状況の中でも一人一人異なります。

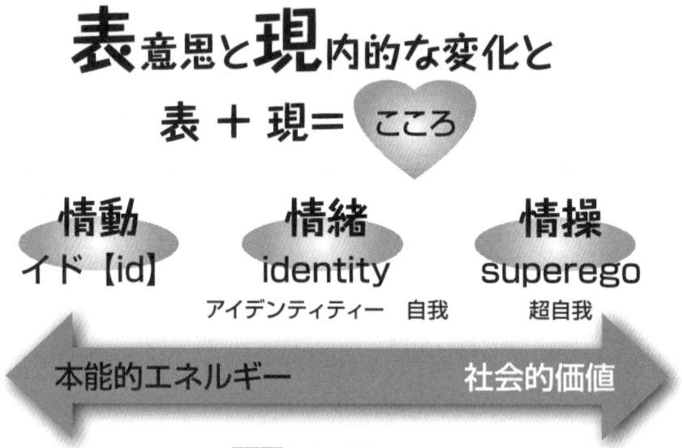

表意思と **現**内的な変化と

表 ＋ 現 ＝ こころ

情動 イド【id】
情緒 identity アイデンティティー 自我
情操 superego 超自我

← 本能的エネルギー　　　　社会的価値 →

図2　表現とは

　そうしたいくつかの要素が，その人のその時の心の動きとなって現れていますから読み取ることの意義は大きいのです。32ページの図1のように，具体的な行動として「ことば（語調やイントネーションなど）の組み合わせ＝ことば化」「身振りによる現れ＝身振り化」「音（音楽ではなく強弱や響き方など）による現れ＝音化」「もの（変形させたり変質させたりする様子からなど）による現れ＝もの化」があります。それらが体調や心持ちの変化によって違っていることを察知するのが**読み取り**です。

　例えば，大きな音が響いたとします。何かが倒れたなどという不可抗力の音と，音を意図して出した時とでは違います。元気が有り余って…の音と腹立たしさからの音とは違います。それを感じ取ることが読み取りです。そうしたことは，「ことば化」「身振り化」「音化」「もの化」すべてにあてはまります。そのさまざまな行動の中で，「もの化」は具体的なものが厳然と残っているので後から見たり触れてみることで行為した人（他者）の「こころ」を読み取りやすいともいえます。

　線一本でも，**強弱，太い細い，長短，直線か曲線**かなど，現れ方で理解できます。さまざまなもの（…）もの（…）とのかかわりですから，破く，壊す，つなげるといった行為からも，その人の気持ちを感じ取り読み取ることが可能になります。そうした**心の表現ができる環境**が人間にとって大切です。また，そうした心の表現を受け止めてくれる，わかってくれる人とかかわれることが心の安定につながります。つまり，指示された通りの作品作りの活動では味わえない**心の動き（情動・情緒・情操）**を，発揮し心の安定を自ら得ることができます。

　次ページの2枚の絵を見てみましょう。ある保育所のどちらも1歳になったばかりの子ども

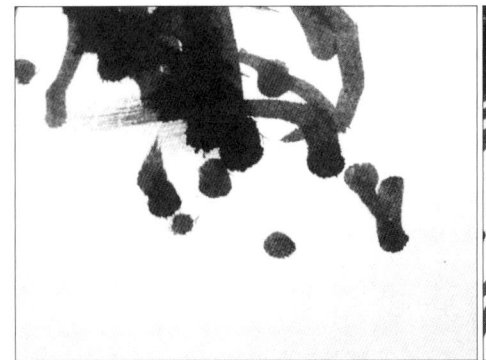

写真 子どもの絵（1歳児：サインペン）

の絵です。同じサインペンを使っていますが，線や点の強さがかなり違っています。たとえ1歳児であっても，その時の心持ちによっても違ってきますし，興味・関心の向け方も**変化していくのが「表現」**です。

　このように，「描く」という行為から子どもの**気持ちを読み取って対応する**ことが保育です。イライラしている…という心がマイナス状態の時はそっと見守って，心の中のたくさんのイライラが外に出せるような配慮が必要です。そして，タイミングを見計らって別の興味へ誘っていくとよいでしょう（そこが保育の中で難しいことなのでしっかりと経験を重ねましょう）。「描く」という行為から心を読み取るためのヒントを，下の図にまとめてみました（図3，4）。線の長さ・太さ・強さ・直線か曲線かによってまとめましたが，これに描くスピードも関係していますから，この図はあくまでも読み取る目安にしてください。また，「つくる」行為でも「もの（素材）とかかわる」様子からも心を読み取ることができます（図にはしませんが，この「描く」行為からの読み取り方を応用してみましょう）。

　この読み取りは子どもとの関係ばかりでなく，大人同士にも応用できます。現代社会では，そうしたコミュニケーションこそ大切だと考えます。わかり合える関係って大事です。

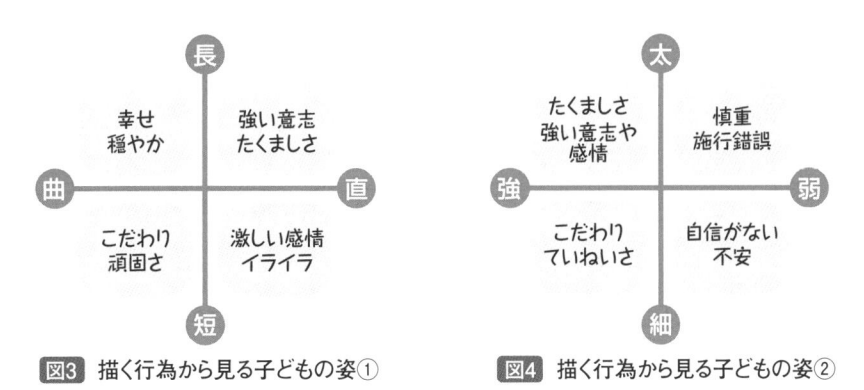

図3 描く行為から見る子どもの姿①

	長	
幸せ 穏やか		強い意志 たくましさ
曲		直
こだわり 頑固さ		激しい感情 イライラ
	短	

図4 描く行為から見る子どもの姿②

	太	
たくましさ 強い意志や感情		慎重 施行錯誤
強		弱
こだわり ていねいさ		自信がない 不安
	細	

（平田智久）

4章 写る・写す遊びとの出会い・ふれあい

1節　写る－不思議体験

1．スタンピング（stamping）〈型押し〉

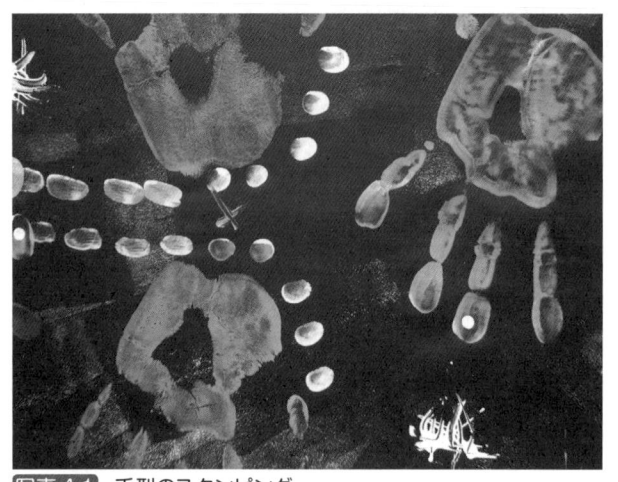

写真 4-1　手型のスタンピング

野菜の断面やダンボールの側面など、その部分だけを注意して見ることは日常生活の中ではあまりありません。どうしても、全体としてとらえてしまっていて、目には映っていても案外見ていないものです。

①手型、足型、②野菜、果物、木の葉などの自然物、③蓋、緩衝材、ダンボールなどの人工物に直接絵の具をつけて、はんこのように押してみましょう。すると、そのものが持っている形や模様だけが、選択した色で紙の上に現れてきます。それはまるで初めて目にするかのような発見と驚きに満ちています。

また、曇ったガラスに何かを押しつけるのも、黒板に水で濡らしたものを押すのも、粘土に縄や洗濯バサミなどを押しつけるのも楽しいスタンピングです。雪が積もれば、体ごとダイブして、自分をスタンプしてみましょう。

2．デカルコマニー（décalcomanie）〈合わせ絵〉

版表現は、多かれ少なかれ制作者のコントロールが部分的には利かないところが魅力ですが、**デカルコマニーは**中でももっともその傾向が強いでしょう。紙をたたんだときに、どのように混ざり合うか予想できないくらいたっぷり、いろんな色の絵の具をおいてみましょう。マーブル状に混ざり合った色は、何とも幻想的です。

今まで見たことのない蝶の模様をつくってみましょう。あるいは広げた後の色と形に目や耳や口を描き込んで、出会ったことのない動物を生み出してみましょう。それを主人公にして、ペープサートや絵本に登場させ、物語をつくってみるのも楽しいですね。そして、子どもたちを前に演じてみましょう。

用語解説

デカルコマニー

デカルコマニーは、超現実主義（シュルレアリスム）の画家、オスカー・ドミンゲス（Óscar Domínguez, スペイン、1906-1957）が1936年に創始した技法です。

フランス語で「転写法」を意味します。

ポイント

デカルコマニーでは、表面が滑らかな紙の方が絵の具の浸透が少ないので、絵の具の混ざりが起こりやすく効果的です。ガラスで行うと透けて見えます。

意図せずにまずやってみて，出てきた色や形からイメージを広げていくことで，「造形遊び」の過程を実感することができます。それは，しばしば「いいこと考えた！」という子どもの造形活動の追体験となるのです。

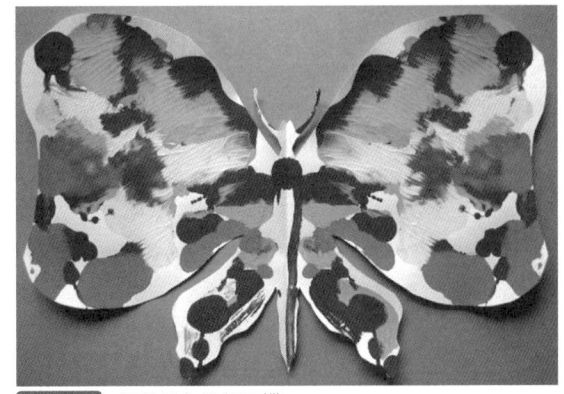

写真 4-2　見たことのない蝶

3．フロッタージュ（frottage）〈擦り出し〉

　フロッタージュの面白さは，その表面の凹凸を確かに正確に写しとっているにもかかわらず，もともとそこにあったものが，その文脈から切り離され，場所を移動し色を変えることによって，まったく違ったものとして立ち現れるところにあります。実際にやってみると，イメージの何倍もの楽しさ，驚きがあります。

　身の回りにある自然物や人工物を片っ端から擦り出してみましょう。上手く擦り出せなくても構いません。凹凸が小さすぎたり，大きすぎたりするとうまく写らないことに気づくでしょう。いろんな色を使ってみましょう。5月の新緑も秋の風情に早変わり。擦り出す力やスピードを変えてみましょう。タッチが変化することに気づきます。画材も変えてみましょう。色鉛筆，パス，クレヨンではそれぞれ風合いが変わってきます。少しずつずらして擦り出してみましょう。その連続体がレピテーション（repetition：繰り返し）の美を醸し出すでしょう。

　擦り出したものを切り取って，色画用紙に構成してみましょう。ハガキや封筒に貼って，友だちに絵手紙ならぬ"フロッタージュ手紙"を送ってみるのもいいでしょう。

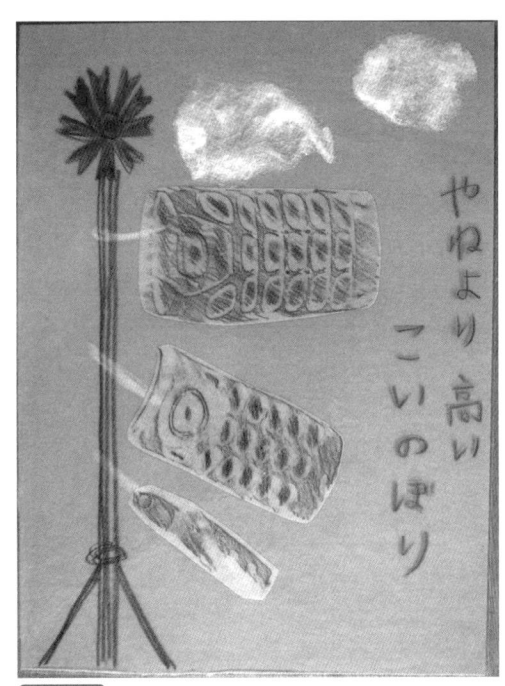

写真 4-3　携帯電話と自転車の鍵のこいのぼり

（松岡宏明）

補　足

造形遊び

　「色・形・材料や場所と直接かかわり，働きかけていくその過程を大切にした造形活動のことであり，遊びとしての性格（遊び性）をもつもの」です。換言して「必ずしも作品にすることを目的としない，色や形と格闘することそのものを大切にした遊び」ととらえると理解しやすいでしょう。

用語解説

フロッタージュ

　フランス語の frotter（こする）に由来しています。水を使わずに拓本を採る乾拓技法の一種といえます。
　フロッタージュは，超現実主義（シュルレアリスム）の代表的な画家の一人である，マックス・エルンスト（Max Ernst，ドイツ，1891－1976）が1925年に始めたと言われ，彼はこの技法を好んで用いました。

ポイント

　フロッタージュは，模造紙や白用紙でも行うことができますが，トレーシングペーパーもおすすめです。トレーシングペーパーは透けていますから，フロッタージュした後，明度の低い色画用紙に切り貼りしてみると，美しい効果が得られます。

2節 写る−発見（ローラー'転写版'の活動から）

1．ローラーを転がして遊ぼう

ローラーに絵の具をつけて転がします。紙に写る模様を見て子どもたちは歓声を上げるでしょう。子どもの版画表現活動はスタンピング同様，写ることの発見，喜びから始まります。ローラーの楽しさは模様の連続にありますが，力の加減による軌跡の変化も魅力です。いろいろ試してみましょう。

① ゴムローラー（版画用）

真っ直ぐ転がすだけでなく交差させたり，濃淡を作ったり，色を重ねてみましょう。また，ローラー幅の異なる物があれば，その効果を試してみましょう。

② スポンジローラー

絵の具のつけ方によって，べったりした感じ（力強い），うっすらした感じ（軽い）の軌跡になります。また，それらを組み合わせてバリエーションをつくってみましょう。

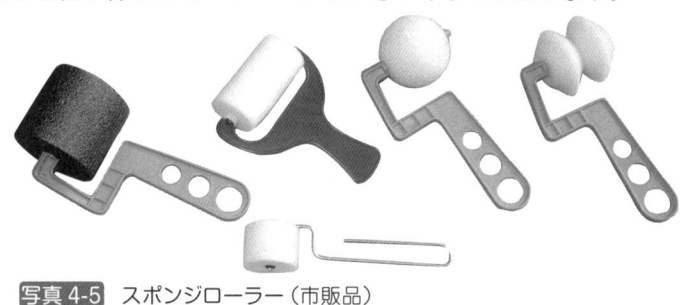

写真 4-4　ゴムローラー

写真 4-5　スポンジローラー（市販品）

③ ウレタンローラー

粘着加工されたウレタンシートを，花や魚や星など好きな形に切り抜いてローラーに貼れば，オリジナルの連続模様が楽しめます。

写真 4-6　ウレタンローラーにエアーキャップ（プチプチ）を巻いたもの

写真 4-7　「汚さないで！」は禁句。ビニールシートや新聞紙を敷いて，自由に遊びをさせましょう

ポイント

ローラー遊びの魅力

軌跡を発見する喜びがあることに加え，模様が力の入れ具合によりさまざまな表情を見せる点にあります。子どもたちは"手加減"して表現することを覚え，この"手加減＝微細な手の運動"が，創造力を育みます。

絵の具

ポスターカラー1に対して水2の割合で溶きます。バットやスチロールトレイなどにスポンジやガーゼを敷きスタンプ台にしましょう。

スタンピング

子どもたちが大好きな"ペッタン ペッタンあそび"。玉ネギ，レンコン，オクラ，ピーマンなど，輪切りにして型押ししてみましょう。また，びんのふた，段ボール，木片など，あり合わせの材料を試してみましょう。

スタンピングのヒント

①エアーキャップ（プチプチ）スタンピングされたプチプチの表情（しわ）はすべて異なり，おもしろい模様になります。

②ダイコンやカブの茎の根本を束ねてゴム輪で止め，包丁で切ります。ピンクの絵の具をつけてスタンピングすれば，紙の上にバラの花が咲くでしょう。

③キャベツの断面は脳の模型図か複雑な迷路か，スタンピングの素材は無限です。

2. ローラーを工夫して作ろう

　身の回りにある物（廃材）を使って，ローラーを作ってみましょう。ローラーに限らず教材開発は工夫する心が大事です。**応用力**は子どもの造形遊びの指導者には欠かせません。

【材料】

　セロハンテープやガムテープの巻き芯。チーズのパッケージ，ペットボトルのキャップ，コーヒーの空き缶など円筒形のもの。柄（ハンドル）は針金ハンガーや箸，貼りつけるスポンジは窓用すきまテープ。他に広幅両面テープは切り抜いたモチーフを貼りつけるのに重宝します。

ポイント

応用力

あり合わせの材料を生かす応用力を培うには，一にも二にも実践することです。試作を重ねるうちにアイディアがわいてくるようになります。頭で考えるより，まず手を動かしましょう。

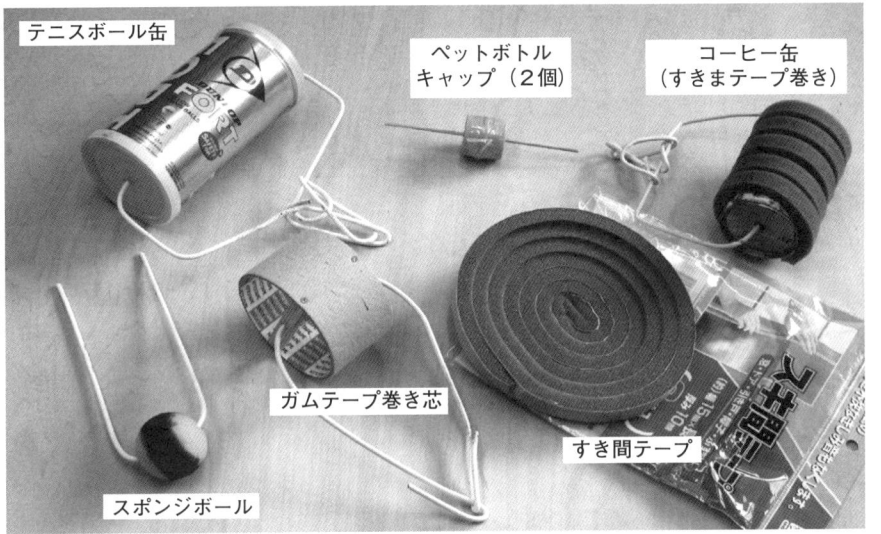

写真4-8　身の回りにある物を使って作ったローラー

- テニスボール缶
- ペットボトルキャップ（2個）
- コーヒー缶（すきまテープ巻き）
- ガムテープ巻き芯
- すき間テープ
- スポンジボール

ローラー遊びのヒント

① ローラーを転がして線路を作り，電車や家を描き込ませて町を作る。
② ローラーで幹や枝を作り，いろいろな形の葉を自由にスタンピングさせる。
③ 異なったパターンのローラーで，大きな紙（模造紙など）に合作させる。

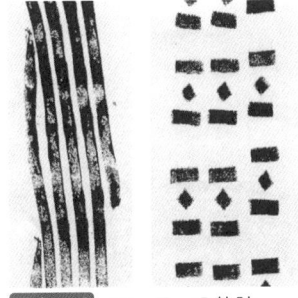

写真4-9　ローラーの軌跡

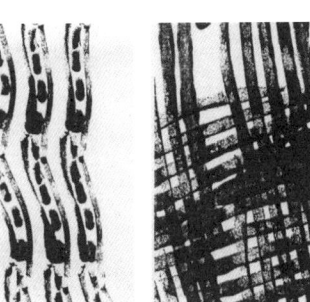

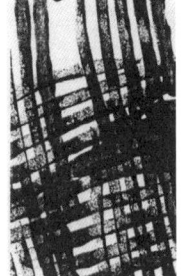

写真4-10　チーズの空き箱2個で作ったローラー（スポンジは窓用すきまテープ，柄は箸）

　造形遊びは子どもに作品を作らせるのが目的でなく，作業プロセスを楽しませることです。ローラー作りも，カットしたウレタンやスポンジの貼りつけなどは子どもにさせましょう。道具から作ることで表現の喜びが深まります。

（有賀　忍）

3節 写す－チャレンジ（スチレン版画の活動から）

1．スチレン版画の活動

版画活動には版をつくり，絵の具をつけ，紙に写しとるという一連の流れがあります。スチレンボードやスチレン皿を使うスチレン版画は，軽くて柔らかく加工がしやすいので，いろいろな工夫ができる凸版形式の版画活動です。**凸版画**の特徴は，版のくぼんだ部分は紙の色を残し，平坦な部分は絵の具の色になります。

2．版をつくる

スチレン版画は割り箸や鉛筆などで溝をつけたり，ペットボトルのふたなどプラスチックパーツなどで型押しをしてみたりして，版を作ることができます（写真4-11）。また，油性ペンを使うとスチレンボードを溶かすことができ，容易に描画ができます。

溝をほる，型押しするなどの他には，どのような版づくりができるでしょう。版の周囲をハサミで切りとると，描いた形がいっそう明瞭になります。大きな版，小さな版などいろいろと試してみるといいでしょう。ここでは，スチレンボードをいろいろな形に切り落としたものを，自由に組み合わせて並べてみると，新しい形になりました（写真4-12）。このように，版を作り，刷っていく過程では思いがけない形や組み合わせが生まれます。

用語解説

凸版形式

版形式には凸版，凹版，平版，孔版があります。スチレン版画は版の凸部に絵の具をつけ，それを刷りとる凸版画です。他に木版画，紙版画も凸版画になります。

まず試してみること，試し刷りをすることで過程を振り返ることができます。何度でも行ってみることで多くの発見につながります。

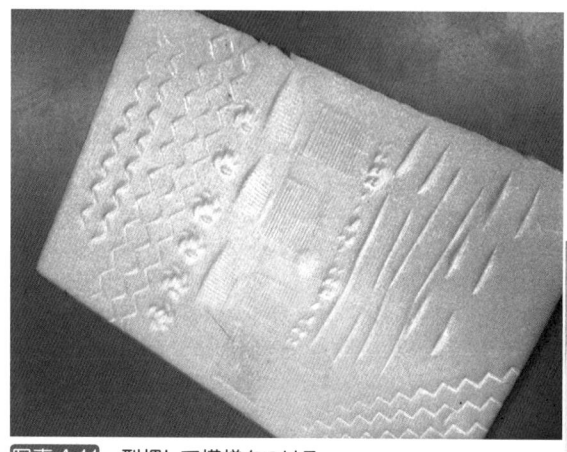

写真4-11　型押しで模様をつける

写真4-12　「キョーリュー」5歳児の作品

3．絵の具をつける

絵の具をつけるときにも，色は一色とは限りません。例えば，黄色の絵の具をローラーで版につけた後に，青色の絵の具をつけたローラーを，黄色の部分から少しずらしてつけます。色の重なったところには新しい緑色が生まれます。これらを繰り返すことで思わぬ色の効果が生まれました（写真4-13）。

写真4-13　ローラーをずらして色をつける

補足

版画インク以外の絵の具を使う

版画インクの代わりに，水を加えないポスターカラーや，耐水にならない樹脂系絵の具を使うと，簡単に水洗いができ，繰り返し使え，違う色で刷ることもできます。また，水洗いのできる版画インクもあります。

版画の複数性

版画の特性に複数性があります。一つの作品が多く出来上がることで，教室装飾，自宅への持ち帰り，友だちとの交換など，作品完成後の活用の幅も広がります。

4．たくさん刷る

ここでは，みんなで作った多くの版を大きな紙に刷って一つの作品をつくりました（写真4-14）。このように，版画活動は思いがけない表現が生まれ，新たなイメージを発見できます。また，大勢で制作したり，作品を交換したりすることから友だちとのかかわりが生まれます（写真4-15）。

5．チャレンジで広がる可能性

「こうしたらどうなるかな？」というチャレンジする気持ちをもつことで，表現や活動の可能性が広がります。

あなたはどのようなチャレンジをしてみますか？

写真4-14　大きな作品をつくる

写真4-15　みんなでつくる

（成清美朝）

5章　自然との出会い・ふれあい

1節　野原で遊ぶ

1．子どもたちの取り巻く自然環境

　子どもたちを取り巻く自然環境は，地球温暖化の影響を受け年々厳しいものになってきています。それはわが国に限ったことではなく，世界各国において深刻な状況となっており，近年では自然破壊の弊害が人間の精神破壊にまで及ぶのではなかろうかとまでいわれています。

　保育現場のみならず，小・中学校においても「総合的な学習の時間」や学校行事などにおいて**ネイチャーゲーム**が実践され，またわが国においても大学などで実践されるようになりました。

　本節では，筆者が勤務した保育士養成校でのネイチャーゲーム指導者資格を取得する機会に恵まれ，その際に行った実践について，以下に述べることとします。ジョゼフ・コーネル（Joseph Bharat Cornell　1979 －）により発表されたネイチャーゲームは，その日のテーマ，もしくは当日の参加者によりどのようなゲームを選び実施するのかを決めますが，当日のプログラムを施行し，それで終結となるのではなく，事前，事後の評価まで行って一つのゲームを実施したとみなされます。実践の流れとしては，①下見→②プログラム立案→③実施計画→④当日のプログラム実践→⑤評価とフィードバックとなっており，自然とかかわる際のフィールドの魅力を参加者にいかに感じとってもらうかといった重要ポイント以外にも，フィールドが自然ゆえに，その場所に潜む予期せぬ危険を事前に察知し回避しながら実施する必要があります。したがって，下見は留意事項を事前に認識し，当日のプログラムをスムーズに実施するための重要なポイントと考えられます。

2．ネイチャーゲーム－森の美術館を実践して－

　ネイチャーゲームのゲームの種類は120種類以上存在するといわれており，現在もその数は増え続けています。数あるネイチャーゲームの中から，造形とかかわりがありそうな「森の美術館」というゲームを実施しました。「森の美術館」は自然の中で美しいものを探し，参加者それぞれの五感を通して感覚を研ぎ澄まし，観察力を養うためのゲームです。屋外で自由に分かれて散策してもらい，個々

補足

ネイチャーゲーム
1979年に，ジョゼフ・コーネル（Joseph Bharat Cornell）により発表されました。自然の中で人間の五感を通して，さまざまな直接体験をすることで自然や環境への理解が深まり，他者への思いやりが深まると考えられています（詳細については下記を参照）。
ジョゼフ・コーネル著，日本ネイチャゲーム協会監修（吉田正人・辻淑子・品田みづほ訳）『ネイチャーゲーム』柏書房，2000年

に興味深いものや美しいものを探してもらい，それぞれタイトルをつけて最後に鑑賞会をしました。鑑賞会の後に評価とフィードバックを実施しましたが，それで終結するのは名残惜しいとの学生の提案により急遽応用編へと発展し，葉っぱを使用した造形遊びへと発展していきました。今までは道の樹木から青々とした葉をもぎ取ることに何ら違和感がなかったようですが，今回の触れ合いを通して，そのことに抵抗があるとの認識が育ち，学生自らの提案で落葉樹のみを使用して造形遊びをすることになりました。

ジョゼフ・コーネルは「喜びに満たされた体験であること」が大切であると提唱しています。しかし，昨今の義務教育での芸術科目の時間数削減と関係するのかどうかは別としても，保育者を希望する学生の表現能力の衰え，五感をフル活用して制作を行ったり，美しいものを発見したり，自発的に表現する能力などはウイークポイントとして，多くの学生にとって包み隠せない現実としてのしかかってきています。したがって，それらの要因が重なり造形への嫌悪感として現れていることも確かなことと実感しています。

コーネルの言う「喜びに満たされた体験」を造形の時間で味わわせることはなかなか難しくなってきており，参加学生が「自然との出会い」「ふれあい」を通してネイチャーゲームに触発され，美しいものを発見する能力や自らの感覚を研ぎ澄ます力を再度認識してもらう良いきっかけにつながったと考えます。そして，学生たちが将来保育者になった際に，それらの体験が子どもたちとの良い関係を築く重要な手がかりになると確信しています。

写真 5-1　落ち葉の造形作品①

写真 5-2　落ち葉の造形作品②

(今井真理)

2節　林で遊ぶ

1．造形素材を探して，遊ぶ

　林の中では季節に応じて，草花・木の枝や葉っぱ・落ち葉・松かさ・ドングリなどのさまざまな造形素材を見つけることができます。

　ビニール袋を持って，林に入り，形や色，手触りにも着目して面白い造形素材を探す「宝探し」をしましょう。

　興味あるさまざまな自然素材

写真 5-3　林で見つけた自然の素材と，造形表現

を見つけて持ち帰ったら，それらを思いつくまま，並べたり，色を比べたり，何かに見立てたりして自然素材による表現を楽しみましょう。また，葉っぱは大きな白紙の上に自由に貼って壁面を飾ったり，木の実などはかごに入れて眺めても楽しめます。

　林の中では安全性についても考える必要があります。触れるとかぶれる植物などの危険な状況がないか，林の中を事前に把握して対処しておきましょう。

2．「林の宝箱」をつくる

　持ち帰った造形素材を接着剤で接着したり穴を開けたりして，動物や昆虫など思いつくまま何かをつくってみます。写真に示すように，小枝と松かさなどで動物，**ドングリ**と爪楊枝でコマ，ドングリと竹串でヤジロベー，松かさと爪楊枝や小枝で馬，ドングリの袴を**接着**してイモムシや人形などを作ることができます。みんなで，作ったコマや動物などで遊んだり，お互いに作品を鑑賞したりしましょう。

　次に，空き箱などを利用して，林で見つけてきた面白いものや，ドングリなどでつくった作品を飾る「林の宝箱」を制作します。お菓子などの空き箱に，厚紙などを利用した仕切りを入れて，外側を折り紙などで飾れば，すてきな宝箱をつくることができます。写真 5-6 に示した作例では，細長い紙の帯を丸めて仕切り

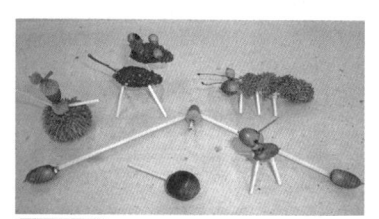

写真 5-4　小枝と松かさで動物

写真 5-5　コマ，ヤジロベーなど

補足

　林の中には，毒のある虫や，漆など危険な生き物や植物に出会う場合があります。できれば，長袖や長ズボンなどを着用するとよいでしょう。秋には，トゲがある種子が大量に衣服に付着することもあるので注意しましょう。

ドングリの処理

　落ちているドングリには虫が入っていて，後から出てくることがあります。一度ゆでるか冷凍するとよいでしょう。

接着剤

　水性木工用ボンドが万能で便利ですが，ロウ成分を熱で溶かして溶着する「ホットメルト」は強力に木の実などを接着できます。適切な指導により子どもにも使用は可能ですが，やけどには特に注意が必要です。

ドングリに穴を開ける

　ドングリを万力で固定して穴を開けられる小さな手回しドリルを使えば安全です。キリで穴を開けることもできますが，子どもには危険なので保育者が対応します。

にしましたが，切り込みを入れて組み合わせた紙を仕切りにしても良いでしょう。

ドングリのコマや動物たちの他に，かわいい松かさ・不思議な形のセミの抜け殻も入れました。宝箱のふたは小枝などでも飾り，開け閉めできるようにすると，ふたを開ける時に何が入っているか想像するワクワク感を高めます。

写真 5-6 「林の宝箱」

3．林で見つけた植物で押し花をつくる

集めた葉っぱや落ち葉の形を観察しましょう。何気なく見ている葉っぱの形や色，手触りに新たな発見があるかもしれません。

次に，葉っぱなどで**押し花**を作ってみます。写真 5-7 のようにていねいに半紙の間に植物を重ならないように並べ，植物を挟んだ半紙と専用の**吸湿紙**を交互にサンドイッチのように重ねて，チャック付きビニール袋に入れて密閉し，板に挟んで**プレス**すれば，1 週間ほどできれいな色の押し花がつくれます。一方，紙質の粗い雑誌や新聞紙に植物を挟み，重しを置いて簡易的に押し花をつくる方法もあります。

ある程度の量の押し花が完成したら，紙の上で構成を考えてみます。植物の色や形からイメージして自由に発想し，**木工用ボンド**をごく少量つけて，動物や風景，花束などの作品に仕上げます。作例では，ダンボール紙，布，ボタン，小枝，透明ペット樹脂板なども使用して額縁も制作しました。完成後には，みんなで**作品発表会**も行い，飾る場所もつくりましょう。飾った作品の下に作者のコメントを付けるとより表現の意図を伝えることができます。

幼稚園・保育所などの場では，壁面に大きな紙を貼り，共同で落ち葉の貼り絵をしたり，お誕生カードなどに，かわいい押し花をちょっと貼ったりすることにより，子どもたちは，植物のさまざまな形や色に気づき，自然の美しさを実感することができます。

写真 5-7 植物を並べる

写真 5-8 プレスする

写真 5-9 構成する

写真 5-10 完成作品

（渋谷　寿）

補足

押し花用品

市販されている，本格的な押し花用品を使えば，1 年程度色が変化しないきれいな押し花を作ることができます。

吸湿紙の乾燥

最初に植物を挟んでから 2〜3 日ごとに吸湿紙のみ電子レンジで乾燥させ，再度，植物を挟んで密閉しておきます。

プレス

植物を挟んだ吸湿紙を入れた，チャック付きビニール袋を板に挟み，小型の万力（C 型クランプ）で 4 隅を均等の力で締めておきます。

押し花の接着

木工用ボンドを爪楊枝などでごく少量，植物の数か所に点づけして紙に貼り付けます。

シールの使用

小さな押し花は透明シールを上から台紙に貼ると長持ちします。

発表会

みんなで作品の発表会を行うと，自分以外の考え方の作品や制作方法を知ることができ，多くのことを学ぶことができます。

3節　水辺で遊ぶ

1．水辺という自然

　子どもたちは**自然環境**の中で活動することで，さまざまな経験をします。しかし園の立地条件により，すべての子どもたちが常に豊かな自然環境の中で生活体験を積んでいけるわけではありません。近隣に林や野原の豊かな自然がなければ，限られたスペースであっても，花壇，畑，植栽などを工夫し，園庭の充実を目指す園は少なくありません。園庭に多様な植物を育てることは，虫や鳥などの生息を促すことでもあります。

　ところが，河川・湖沼・海など水辺の自然となると，このような環境が普段から常に保障されているような園は数少ないでしょう。日常のお散歩程度で水辺が利用できなければ，遠足やお泊り保育などの行事での活動の中に水辺で遊ぶ活動を組み入れたいものです。

> **補足**
> **園庭の自然環境**
> 園庭の中にも小規模ながら身近な自然の水辺環境を再現させようと，ビオトープ（独：Biotope）を設置・整備する園もでてきています。

2．河川での遊び

　川といっても，上流域と下流域では条件がずいぶん異なってきます。
　① 水の様子………川幅，水量，水の深さ，水の色，水温，流れの速さ，水音。
　② 川原の様子……広さ，岩・石・砂・土。
　③ 動植物の様子…川原の動植物，水上の動植物，水中の動植物。
　川で遊ぶときには，その場の環境を十分に体感できる計画を立てましょう。
　ここに示すのは，都会の団地にある保育所が，山の家でのお泊り保育の活動で，日常の保育ではできなかった川遊びを渓流で行った例です。写真 5-11 では箱めがねを使って水底を観察しています。はじめは魚やカニを見たかったのですが，水底で砂が流れていることを発見したところです。写真 5-12 は水の勢いと冷たさを岩から落ちる流れの中で体感しています。冷たさに我慢ができなくなるまで水に打たれるという経験は，普段の保育では期待できないことです。

写真 5-11　水底を観察する　　写真 5-12　水の勢いと冷たさを体感する

3．浮かぶもの沈むもの

　何かを水に浮かばせて遊ぶことも水辺での大切な活動です。写真 5-13，5-14 では，水に浮かぶ素材でアヒルを制作し，流れに乗せてレースをさせています。

　水に浮かぶ素材，沈む素材にはどのようなものがあるのでしょう。また，水に沈むものではどのような遊びができるでしょう。

写真 5-13　アヒルを仕上げる

写真 5-14　アヒルレース

補　足

水に浮かぶもの

　水に浮かぶ桜の花びらを「花筏（いかだ）」として愛でたり，「雛流し（ひなながし）」や「灯篭流し（とうろうながし）」などの行事があることから，日本人の感性や文化が「水の流れ」に大きくかかわっていることがわかります。

水に沈むもの

　水に沈むものの代表は，石かもしれません。その石を川面に投げ，水の上を跳ねさせる遊びがあります。何回跳ねたかを競うので，沈むものを沈めない遊びということになります。

4．浜辺での遊び

　海岸も多様な形態がありますが，ここでは浜辺での遊びを考えてみましょう。

　浜辺の砂・石を利用すること，漂着物や貝殻を集めること，波打ち際で波と戯れることなどがこの環境下での活動となるでしょう。

　写真 5-15，5-16 は琵琶湖岸で行った大学の実習としての造形遊びです。砂浜を体感するため半分砂に埋まってヒト型のくぼみを作り，その周囲に波打ち際で集めたさまざまな色の石を並べています。

写真 5-15　砂にヒト型をつける

写真 5-16　きれいに石並べ

5．日常の園生活で

　豊かな自然環境での保育を園の外に求めることも重要ですが，園庭での遊びで水とのかかわることもおろそかにしてはいけません。雨上がりの水溜りから，砂場に引き込んだホースの水道水から，バケツやたらいに入れた水からも遊びは生まれます。そんな日常があればこそ，大きな自然の中での活動も効果を発揮するのです。

(沖中重明)

気づいたことをメモしましょう。

第 2 部
イメージを広げる

イメージが広がる，
思いをまとめるきっかけづくりとは？

6章　ものとのかかわりを深める
7章　イメージを広げる工夫
8章　社会事象と造形
補章　子どもの姿と造形

6章　ものとのかかわりを深める

1節　紙で（一人の世界）

事例1：一人一人の表現方法（貼り絵など）

年中クラスの女児は，素材を入れてあるカゴの中から丸くカットしてある紙を見つけました。いくつかを並べてみると形の連なりが面白く，のりで貼りつなげ，さらに頭も色を変えて貼り表情も描き加えました。それを見てにっこりとしている女児を見守っていた保育者は，女児とともに喜び合いました。それからヒントとして，台紙に貼ってみてはどうかと提案しました。

すると女児は台紙の上に貼り，しばらく眺めていましたが，そこからさらにイメージを展開させて紙を切って貼り，描き加えて「自分が乗っている空を飛ぶイモムシ」の貼り絵にしました（写真6-1）。年中クラス男児は，年少児から新聞紙が好きで，今日は自分で大がかりなコスチュームを作りました。コスチュームに合う帽子も作りたくなり，新聞紙で帽子も折りました。さらに，帽子に彩色したいと考えて，この子が選んだ方法は，色の異なる色紙をパッチワークのように貼った色の出会いを楽しむ帽子になりました（写真6-2）。

写真6-1　空飛ぶイモムシ

写真6-2　新聞紙のコスチュームと，色紙の帽子

1．事例1をとらえる視点 −保育の環境づくり−

(1) 保育の環境づくり

子どもたちは，第1部で取り上げてきた遊びを，面白そうだな，作ってみたいな，やってみようとする内循環の経験を繰り返して，さまざまな紙素材の特徴とともに用具，道具，接合方法などの扱い方を学習します。

環境設定として，それらの物品を子どもの目線で取り出しやすく，常に決まった用具や取り出したい物の置き場所が決っていることが必要です。置き場所が定まらず，大人の目線で管理が行われていると保育者に許可や許しを求め，自分から進んで行動を起こしにくくなるからです。

保育の目安として，集団の生活に慣れ，共有する物品の安全な使い方や管理ができるようになり，必要とするものを必要なだけ取り出して使える約束やきまりを守れるようになるとよいでしょう。

表6-1 紙の素材と道具と接合方法

紙素材	新聞紙，身近な紙類，お花紙，ボール紙，画用紙，ダンボール，空き箱など
用 具	パス類，フェルトペン，鉛筆，色鉛筆，絵の具，筆，ローラーなど
道 具	ハサミ，穴あけパンチ，ダンボールカッターなど
接 合	・接着剤：でん粉のり，合成接着剤など ・粘着剤：セロハンテープ，ビニールテープ，ガムテープなど ・接合材料：輪ゴム，ひも類，ステープラーなど

(2) 保育者の援助とは

　子どもが素材とかかわり始めて試行錯誤している時に，保育者が「何をつくっているの？」と問いかけることは禁物です。静かに子どもの姿を見守ってあげましょう。すんなりと作り上げる時もありますが，子どもの方から何か援助を求める時には，保育者に視線を向けて聞いてきます。また，保育者からそれに応じてすぐに答えを与えると，子どもは自分の力でなく保育者に教えられたことと強く印象に残って感じるようです。保育者は子どもと共に考えている姿勢を示し，それとなくヒントを与えるように心がけましょう。

　自分の思いどおりに出来上がるとうれしくなり，大好きな先生や友だちに喜びを共感してもらいたくて，持ってきて「みてぇ！　みてぇ！」と見せ，持ち歩けない時は呼びにきます。先生も友だちもその喜びに共感して，友だちも同じ遊びをしてみたくなり遊びの輪が広がっていき，子ども主体の遊びが展開します。

　子どもたちから遊びに必要な素材の提供を求められたら，できる限りその求めに応じようとする保育者の姿勢は，子どもたちとの信頼関係を深めるとともに表現活動を支える大切な援助となります。

2．事例1について自分の考えをまとめよう

✎ 注目したところ

✎ 疑問点，質問したいこと

(福田理恵)

2節　紙で（協同の活動）

> **事例2：広いスペースでたくさんの新聞紙と，大勢で遊ぶ活動（3歳児）**
>
> 　新聞紙をたくさん集め，机やいすのない空間で遊びました。まず最初に，子どもたちには「新聞紙さんと遊ぼう」と投げかけ，その後「どんなことをして遊びたいかな？」と聞きました。 
>
> 写真6-3　広いスペースで新聞紙と自由に遊ぶ 
>
> 写真6-4　新聞をしっかり握って 
>
> 写真6-5　からだ全体で持ち上げよう 
>
> 写真6-6　新聞でぐるぐる回す楽しさをみつけています

1．事例2について自分の考えをまとめよう

✎ 注目したところ

✎ 疑問点，質問したいこと

2．事例2をとらえる視点－写真から読み取る－

(1) 写真6-3から読み取る：一人一人の表現を見つける視点とは

大勢で新聞紙と遊ぶとは，図6-1のように考えることができます。

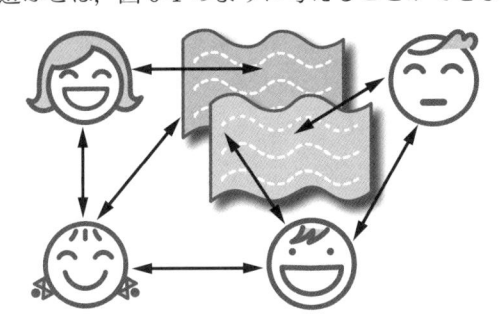

図6-1 子どもと新聞紙の関係イメージ図

図6-1から分かることは，新聞紙の様子からイメージを広げることもあれば，友だちの活動に触発されてイメージが広がることもあるということです。共同注視はコミュニケーションの始まりと考えられますが，ここでは新聞紙を仲立ちとして，友だち同士の感じ方や考え方を共有しているということなのです。

以上のことから，大勢で材料とかかわる活動の場合に一人一人の表現をみつけるには，以下のような視点で見ることが大切です。

> ・材料の様子から発想が広がっているか
> ・友だちとのかかわりから発想が広がっているか

もちろんどちらの方が優位であるということはありません。子どもたちは，さまざまな興味や関心の中でいろいろな行為を生み出していきます。そして一人一人のイメージが深まっていくのです。

用語解説

共同注視
同じものに「注意を向ける」ことをいいます。乳児の場合，8か月前後に獲得されます。同じものを見ることで，伝達能力や相手の意図を推し測る力がさらに育っていきます。

(2) 写真6-4から読み取る：子どもの気持ちをくみ取る援助とは

新聞を握りしめて何かをしようとしています。新聞紙を使った活動では，その材料の特性を子どもがどのように感じているかを理解することが大切です。

子どもたちはものと出会ったとき，さまざまな感覚器官を駆使してそのものが何であるかを理解しようと探求していきます。それは「みること」や「さわること（手触り）」だけではありません。新聞紙がこすれて生まれる音や，新聞紙特有の匂いなども発想が広がるヒントとなります。

(3) 写真6-6から読み取る：その子の思いをみんなにつなげる援助とは

友だちと新聞紙を大きく振り回しています。形が変わることにより発想も変わっていくので，この子どもは細くなった新聞紙の端を持って回したりするなど

の行為をしています。友だちと同じ活動をしていますが，ここで周りの子どもたちとのかかわりが生まれ，互いにひっぱりっこをしたりするなど，共同の活動に発展することが考えられます。

(4) 写真6-7から読み取る：さまざまな援助とは

　5歳児の活動です。新聞紙と同じ材質の紙をちぎり，その中でごろんと寝転がっています。一見すると活動をしていないようにも見えます。このような場合，何か活動しましょうと声をかけるのが正しい援助なのでしょうか。

　ここでは，紙の触った感じや匂い，重さやあたたかさなどを全身で感じているのです。つまり，このような行為は何もしていないのではなく，自分の感覚を駆使して紙のよさを味わっている姿ととらえることができるのです。

　このような場合保育者は，行為を促すのではなく，その子どもの感じ方に共感しようとする姿勢が求められます。一緒に寝転がったりするのも一つの方法でしょう。子どもの思いに共感したとき，ふさわしい言葉で自然に語りかけることができるでしょう。その際，さりげなく周りの子に踏まれないよう配慮するなどの心配りをするようにしましょう。

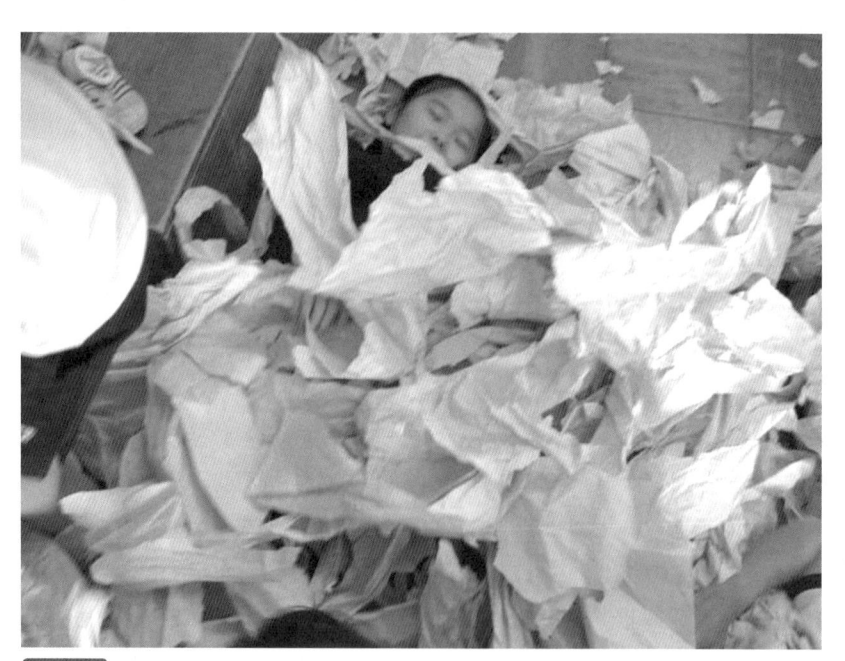

写真6-7 気持ちいいな（5歳児）

(5) 事例2の活動から考える，紙とのかかわり方に関する投げかけ方

　子どもたちが豊かに新聞紙とかかわるには，どのような投げかけをしたらよいのでしょうか。それを考える第一歩として「子どもたちが行いそうな新聞紙を使った活動」について，思いつくだけ書き出してみましょう。

表6-1 新聞紙から生まれる行為

丸める	やぶる	ちぎる	ばらまく	ねじる
おる	つなげる	ほそくする	くしゃくしゃにする	引っ張る

(以下に,自分の思いつく行為を書き出してみてください)

例えば,新聞紙を丸める活動ならば,「新聞紙でお団子をたくさんつくってみよう」と投げかけることが考えられます。たくさんお団子を作っていく過程で,子どもたちは積んだり投げあったりする活動を思いつくかもしれません。ある一つの活動の提案は豊かな発想のヒントであり,そこからさまざまな活動が生まれてくるのです。その他に子どもの活動から,どのような投げかけが思いつくでしょうか。

表6-2 行為から考えた新聞紙

行　為	投げかけ
棒にする	「だれが早く棒にできるか競争してみよう」
ひろげる　つなげる	「テープをどんどん貼って大きな新聞紙にしよう」
新聞に乗る	「友だちを新聞紙に乗せて引っ張って運ぼう」
ちぎる	「たくさんちぎって新聞紙のプールをつくって遊ぼう」
引っ張る	「新聞紙の綱引きをしよう」

子どもたちの提案として競争しようなどと示しましたが,これは競争させて早くできることが目的ではなく,棒をつくる行為を楽しみ方の一つとしてとらえてください。新聞紙のお団子をたくさん作る場合や,新聞紙の綱引きなども同様に当てはまります。さまざまな活動に対して,興味や関心を惹く投げかけを工夫してみましょう。

3. ディスカッション

事例2について話し合い,自分が保育を実践する視点でまとめてみましょう

(石賀直之)

3節　小さな箱で

事例3：箱遊び

① 目 的

箱を触ったり，つぶしたり，組み合わせたりして，素材の特徴や感触を楽しみ，友だちとかかわりながら，自由に制作したり遊んだりすることで，発想の幅を広げ，身体的な知性を育てます。

② 対 象（2歳～5歳児）

③ 方 法

写真6-8　箱を見た瞬間の感動を大切に
（歓声と共に一斉に確かめる子どもたち）

・箱（素材）を最初に触れる感動を大切にするために，保育者は大きさ，色，形のたくさんの箱を一気に出して，自由に触らせ，子どもの興味関心をもたせます。

・子どもが自由に箱に触って遊び始めます。箱と箱を組み合わせたり，箱をつぶしたり，ちぎったりという行動が見られます。保育者は，最初から助言をしたりせず，しばらくは子どもたちと箱（素材）とのかかわり方を観察します。

・遊び方がわからず戸惑っている子どもには，保育者がさりげなく箱をつぶしたり，組み合わせて「何に見えるかな」とつぶやいたりして，遊びを促します。

・子どもが箱との触れ合いに慣れてきたら，綿や毛糸，ひもなどの素材を投入し，さらに子どもたちのやってみたい，遊びたいという意欲を高めます。また，素材が増えると箱だけでなく，ひもを回すなどの活動も見られますが，そういう活動も積極的に取りあげて，賞賛します。切る（ハサミ），ちぎる（手），つける（テープ類，のり），結ぶ（カラーテープ，ひも）など，安全に注意しながら，道具にもバリエーションをもたせ，子どもが試行錯誤できるようにします。

補 足

造形活動をとらえる視点

一般的に幼児の造形活動をとらえる視点は，素材（材料）を中心に考える傾向がありますが，活動（コミュニケーション）が次の活動を誘発するということに注目すると，保育のつくり方に幅が広がるのではないでしょうか。

2歳から5歳までの縦割りの保育は一般化していますが，彼らのコミュニケーションをうまく図りながら，造形保育を進めていくことは，まだ未知の領域です。造形を通した触れ合いや協同を，子ども同士が積極的に行っていくためには，保育者は，どの場面でどんな学びが起きているのか，子どもたちはかかわりの中で何を学んでいるのか，そのための記録（リフレクションやドキュメンテーション）を大切にし，ていねいな観察の方法を探っていくことが必要だと考えています。

保育者は子どもたちのメッセージ（言葉や言葉にならないものを含めて）に十分に耳を傾けてほしいと思います。

1．事例3について自分の考えをまとめよう

✎ 注目したところ

✎ 疑問点，質問したいこと

2．事例3をとらえる視点

(1) 一人一人の表現を見つける視点として大切にしたいこと

子どもたちはいかに箱に出会い，興味を引き出すのでしょうか。大きさ，色柄，形など，最初は手当たりしだいに感触を確かめます。しかし，ある時箱がただの箱でなくなる瞬間が訪れます。例えば，Aは最初みんなに取られないように自分のまわりを箱で囲ってしまいました。でも，1つの箱を触ったり，持ち上げて横から下から見たりしているうちに，ふたが動物の口に見えてきました。彼女は口をぱくぱく動かします。それが，その子どもの表現が立ち現れる瞬間です。

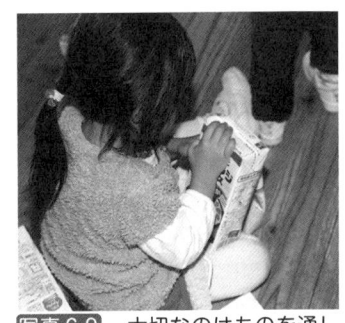

写真6-9　大切なのはものを通した試行錯誤。素材（箱）への積極的なかかわり

(2) 箱遊びから広がる発想とコラボレーション（協同）

はじめは個別の活動でも，子どもたちがかかわっていくなかで協同の遊びへと展開します。子どもたちの発想は，友だちとのかかわりの中で広がり，そのことをもっと積極的に考えることが大切です。「ロバをつくるんだ」というB君に「この箱はしっぽだ」と積極的に彼の表現に介入を試みるCちゃん。保育者の支援の仕方は，彼らの表現やコミュニケーションを受け止め，そして見とることから生まれるはずです。

写真6-10　1人でできなかったら2人でやっていい

(3) 子どもの思いをみんなにつなげる援助とは

子どもたちは自分の嗜好やペースで，思い思いに製作遊びを楽しんでいきます。初めから終わりまで，1つの箱にこだわりをもって進める子ども，表現（興味・関心）が弱い子どもも中にはいます。そんな時でも，保育者は対話をしながら，リズムよく，活動を自然に促す学習環境づくりこそ大切にすべきです。特に，表現の弱い子どもには保育者が心から楽しむこと，一緒に驚きや喜びを共有することが大切です。

保育者は指導者ではなく，パフォーマー（演技者）としてさまざまな活動を仕掛け，共に表現し，子どもの活動を誘い出し，一つひとつの動作や会話に共感し，ゆっくりと活動を楽しみ，共に学ぼうとする（遊ぶ）姿勢が何より大切です。

知識を深めるための **参考文献**
・阿部寿文編著『0・1・2歳児の造形あそび百科』ひかりのくに，2007年

3．ディスカッション

事例3について話し合い，自分が保育を実践する視点でまとめてみましょう

（茂木一司・遠藤　翠）

4節　大きな箱で

> **事例4：ダンボールを使って遊ぶ**（発達による遊びの違い）
>
> ① 感覚を楽しむ（2歳児クラス）
>
> 　2歳児クラスでは，まだ「いないいないばー」遊びが忘れられません。手と目の協応動作がようやく獲得できましたが，肩や肘，手首の発達上，作ることや書くことは容易ではないので，どうしても直観的に素材と触れ合う遊びや，感触を楽しむ遊びを喜びます。自分で持ち運べる物なら，体が入るくらいの大きな箱は子どもにとって「いないいないばー」のように（めまい遊び）もでき（写真6-11），車や家など，何かに見立てて体を使い遊ぶことも簡単にできます（写真6-12）。
>
> 写真6-11　2歳児クラス①
> 写真6-12　2歳児クラス②
>
> ② 友だちと協力して遊ぶ（5歳児クラス）
>
> 　いろいろなことができるようになった経験を生かしながら，新しい素材を工夫して家や基地，車などのイメージに近づけようとしています。また，言葉によるコミュニケーションを通して友だちと協力しながら，共同作業による大がかりな構造物を作っています。実生活の社会関係や約束ごとを反映させたりして，ごっこ遊びの空間作りをしています。 
>
> 写真6-13　ごっこ遊びの空間づくり

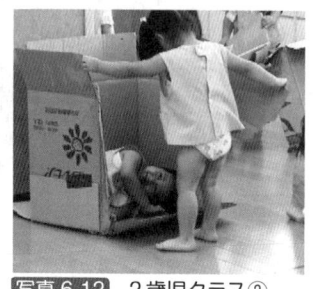

1．事例4について自分の考えをまとめよう

✎ 注目したところ

　

　

✎ 疑問点，質問したいこと

2. 事例4をとらえる視点

(1) 写真6-11から読み取る：視野の解放，閉塞(へいそく)を喜ぶ

箱をかぶるという行為から，何が楽しいかではなく状況の変化を楽しんでいるかがわかります。そこから保育者が創作し実演すると遊びの幅が広がります。

(2) 写真6-12から読み取る：中に入ること，包まれた空間を喜ぶ

「大きさ」という要素で別の展開が図れます。また「みんなで寄り添う」要素でのアプローチも可能です（写真6-16）。

写真6-14 のぞいてロックオン
写真6-15 「あけましておめでとう」 
写真6-16 みんな中でほっこり 

(3) 写真6-13から読み取る：個々の思いを具現化するための試行錯誤を喜ぶ

5歳児になると，見立てに沿って素材を加工接合する必要に気づいて道具を要求します。展開の予測を立て，素材や道具の精選準備や個々の指導が必要です。順に「話」を聞き，ほめ方や対応を考慮します。また，勝手に判断したり唐突に手出しや口出しせず，同意を得てから技術やテーマを提案することが大切です。

写真6-17 大きな車
写真6-18 ままごとセット 
写真6-19 建物の中，棚？ 

3. ディスカッション

事例4について話し合い，自分が保育を実践する視点でまとめてみましょう

(山本泰三)

5節　砂場で

> **事例5：想像力・創造力を育む砂遊び**
>
> 　砂場では女児が一人，あるいは複数の友だちと一緒にカップに砂を入れて並べる「型抜き」に夢中になっています。彼女たちは，ふるいで小石を取り除いた細かい砂に，水を加えてケーキづくりのためのチョコレートを作ったり，クッキーに見立ててペースト状にした砂をスプーンでトレイにきれいに並べたりして，ごっこ遊びを楽しんでいます。
>
> 　また，男児たちは競争で大きなスコップで穴を掘ったり，協力して掘った砂を集めて山を作ったり，ジョウロで運んだ水を作った川に流したり，塩ビパイプ，竹，板などの道具（写真6-21）を使って水を流したり，橋を渡したりするなどの活動を楽しんでいます。
>
> 写真6-20　保育者と型抜きを楽しむ女児たち
>
> 写真6-21　砂遊びを展開するための道具

1．事例5について自分の考えをまとめよう

✎ 注目したところ

✎ 疑問点，質問したいこと

2．事例5をとらえる視点

　子どもが砂場遊びを楽しんでいる姿は，幼稚園や保育所では日常的によく見られるので，特に保育者が言葉をかけたり援助したりしなくてもよいのではないかと考えがちです。しかし，同じ砂遊びであっても子どもの年齢によって差があり，同じ年齢であってもそれぞれ性格や好み，興味や関心，その時の気分，人間関係，季節によって遊び方はさまざまです。さらに，時々刻々と多様に展開していくのも砂場遊びの特徴です。保育者が言葉かけや援助をする際には，その点をふまえておくことが必要です。以下，事例5から学ぶ視点は2点です。

(1) 子ども一人一人の表現，気持ちをくみ取る

　まず保育者がすぐに遊び方を教えたり，活動の方向性を指し示したりするような言葉かけはせずに，子どもの遊んでいる様子をよく観察し把握することが大切です。「かかわる」ということは「話しかけずに見守ってそばにいる」という意味もふまえ，そういったかかわりも大切な援助です。

(2) さまざまな援助（保育者のかかわり・道具の存在）

　保育者のちょっとした言葉かけや援助，新たな素材や道具があることで子どもはイメージをふくらまし，遊びを多様に展開させていきます。例えば，新たな道具としてフライパンやボール，しゃもじなどがあればさらにままごとの楽しさが広がり，長さの異なる塩ビパイプや幅の広い板などがあることで，砂場全体を使ったダイナミックな活動へと広がります。

　このように，保育者が子どもの心身の発達や遊び方を見ながら，道具を出したり，増やしたりすることで，子どもはより砂遊びを楽しむことができるようになり，砂遊びはさらに豊かに広がります。

　また「後でまたこの活動の続きをしたい」という子どもの気持ちに応えるためには，砂場に「○○ぐみのやまです。さわらないでね」という看板を立てたり，子どもが作りかけのものを「さわらないで残しておいて」ということを伝え，保管するための場所を設定したりすることも必要です。

3．ディスカッション

　事例5について話し合い，自分が保育を実践する視点でまとめてみましょう

知識を深めるための参考文献

・笠間浩幸著『〈砂場〉と子ども』東洋館出版社，2001年
・立花愛子，佐々木伸著『びっくり！ おもしろ砂遊び』チャイルド本社，2009年
・箕輪潤子著『遊びがもっと魅力的になる！ 3・4・5歳児の言葉かけ－砂場編－』明治図書，2009年

（宮野　周）

6節　粘土で

事例6：動物村のパーティ（4,5歳児）

　「動物村にはどんな動物がいると思うかな」と導入します。「ライオン」「ゾウ」などの答えが返ってきます。「それでは動物村のパーティでは何を食べるでしょう」と投げかけると，「肉」「リンゴ」などの他に，「ピザ」「ケーキ」など自分の好きな食べ物も入ってきます。子どもたちは，想像をふくらませ粘土の山や道にジオラマを展開していきます。事前にビニールシートの上に土の粘土をあちらこちら山にして置き，自由に十分な量を使えるように準備をしておきます。山と山の間には粘土を道のように置いて，遊びの発想を助けるような配置をします。

　子どもたちは，思い思いにキリンやワニ，そして食べ物を作り始めます。なかには魚や昆虫を作り始める子もいます。やがて，友だち同士がつながり合い協同して活動が広がっていきます。

写真6-22　動物村が広がっていく　　写真6-23　マトリクス（粘土の準備状態）

補足

　「動物村のパーティ」では，裸足で粘土の上を歩いてみる遊びも取り入れることができます。足の指で粘土をつかんでみる体験は，子どもが身体を感じる身体性や触覚性として重要な活動となります。

　高梁中央保育園では，室内に粘土場を設置して，子どもたちが一年中自由に大量の粘土で遊べる環境を準備しています。最初に準備する粘土の状態をマトリクスと呼んでいます。「一本道」「座布団」「あちこちの山」などさまざまなマトリクスが考えられ，種類によって子どもたちの活動は変化します。

(1)　事例6から読み取る：一人一人の表現を見つける視点とは

　子どもの造形活動は，遊びに始まって遊びに終わればよいのですから，活動の過程を援助するための環境の準備と導入の声かけが大切です。

1．事例6について自分の考えをまとめよう

📝注目したところ

📝疑問点，質問したいこと

知識を深めるための　参考文献

・大橋功，新関伸也，松岡宏明，梅澤啓一著『造形表現指導法』東京未来大学，2008年
・前嶋英輝「粘土場の遊びと環境」『美術教育 No.292』日本美術教育学会，2009年

事例7：パン屋さんごっこ（4,5歳児）

「パン屋さんにはどんなパンがあるかな」と導入します。「あんパン」「カレーパン」などの答えが返ってきます。「先生はもっと珍しいパンを作れるんだよ」「どんなの」「どんなのだと思う」と続けると、子どもたちは「パンダパン」「ケーキパン」など発想を広げていきます。「珍しいパン屋さんではどんなパンがたくさん買ってもらえるかな」と投げかけ、パンがたくさんできたら、前日に遊びの中で作った紙のお金で、パン屋さんとお客さんになってパン屋さんごっこをします。

写真6-24 パン屋さんになって遊ぶ

2．事例7をとらえる視点

（1） 一人一人の表現を見つける視点とは

「今日はパン屋さんごっこをします。おいしいパンを作ってね」というような声かけでは子どものイメージは広がりにくく、先生の意図を察するような活動になりやすいのです。あえて先生が自慢して見せることで、珍しいもの変わったものというように発想が広がります。一人一人の表現は、「やってみたい」と感じることから始まるので、保育者は子どもたちの発話や表情を見逃さないように心がけ、興味のもてる活動主題を設定できる視点を大切にしたいものです。

（2） その子の思いをみんなにつなげる援助とは

その子の思いをみんなにつなげる援助とは、十分な材料と導入の準備がかかせません。活動中の子どもの発話を保育者がしっかり受け止めることで、周りの子どもはその様子を見て、その子の思いを確かに受け止めるようになります。そして協同的な遊びに発展することも援助できるようになります。

3．ディスカッション

事例6,7について話し合い、自分が保育を実践する視点でまとめてみましょう

(前嶋英輝)

補足

「パン屋さんごっこ」は、少量の保育用粘土でも実践可能です。サイズは小さくなっても、導入時の声かけによって子どもの想いを広げることができます。参観日などに、保護者にお客さんになってもらうことも楽しい遊びにつながります。

粘土には、保育用に加工されている粘土、紙粘土、油粘土、土粘土などがあります。粘土遊びには、土の粘土が適しています。保育用のいわゆる油粘土は、臭いも気になり、造形のための可塑性や伸びもあまりよくありません。

また1kg程度の粘土では、子どもの自由な発想を表現するには量が不足しがちです。

十分な粘土があれば、子ども同士の粘土の取り合いもなく、協同して遊ぶ姿が見られます。土の粘土で準備しやすいものとしては、彫塑用粘土や陶芸用の土（信楽土）などがあります。

保育者の援助によって、造形活動から始まる子どもの思考を大切にしたいものです。

知識を深めるための参考文献

・アンリ・ワロン著（滝沢武久訳）『認識過程の心理学』大月書店、1962年
・名須川知子、高橋敏之編著『保育内容「表現」論』ミネルヴァ書房、2006年

7節 布・ひも・毛糸（編む，組むなどの活動を中心に）

事例8：毛糸で編む・織る・縫いとる

身近な材料から作った編み機で，毛糸を編むことができます。長く編む・織るなど，色の変化や組み合わせたりして楽しむことができます。

【編み機の作り方】

牛乳パックの1面を切ってつなぎ，長さを半分にして紙やすりをかけた割り箸を奇数本貼り付け，最後にガムテープを巻きます。

【編み方】

①毛糸の端を編み機の内側にテープで止めます。

　1周目：毛糸を割り箸の外・中・外・中と順番に掛けます。

　2周目：1周目とは逆に中・外・中・外と毛糸を掛けます。割り箸が奇数本なので自然に互い違いになります。

　3周目：牛乳パックの外側から見て，最初の割り箸に掛かっている毛糸からずらして上側に毛糸を置きます。割り箸にかかっている作り目の糸を持ち上げ，上に置いた糸と割り箸を飛び越してパックの内側へ渡します。糸を引きすぎないよう気をつけます。

②好きな長さになったら，糸を長めに残して切りはずした目に通して，絞ります。

③子どもの指先でもたやすく扱えるよう，糸の太さを考えます（極太・並太）。アクリル毛糸は発色もよく，値段も手ごろです。編み方に慣れてきたら，毛羽立った糸なども取り入れ，編み地の変化に気づかせるようにしたいものです。

④縫いとりには，塩化ビニールなどのパンチングボード（DIYショップで入手可能）の薄いものを用いて，先の丸い毛糸針を使います。パンチングボードの穴の大きさに合わせて毛糸の太さを選びます（厚手の紙に1cm間隔で穴を開けてもよい）。

写真6-25　保育室で毛糸編みと織物（市販の織り機）を楽しむ

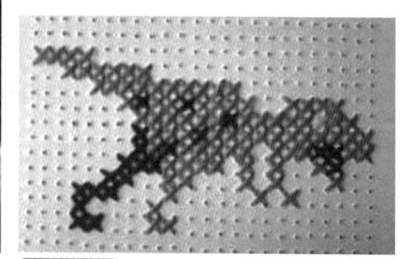

写真6-26　縫いとる（クロスステッチ）

1. 事例8について自分の考えをまとめよう

✎ 注目したところ

_____

_____

✎ 疑問点，質問したいこと

_____

_____

2. 事例8をとらえる視点

(1) 事例8から読み取る：一人一人の表現を見つける視点とは

編んだり織ったりする活動は，手先の器用さが要求される活動です。それだけに子どもたちに敬遠されるように思うかもしれません。「あやとり」などで遊び道具として毛糸やひもに親しんだのち，糸を絡ませたり，ゆび編みで長い紐が出来上がること（Y字リリアン），グラデーションや，混色の毛糸による変化，カラフルな色ゴムでかたどることの面白さを経験させてみましょう。一本の糸から布地やマフラー状のものが出来上がっていく不思議さ，長く編んだり織ったりすることで色が変化するなどの不思議さに気づくでしょう。

(2) 事例8から広がる考え方・発想

筒状になった編み地は，両端の糸を引き結ぶことによってマフラーにすることができます。自分オリジナルのマフラーを作るなど，自分のを作った後後に今度は誰かのため作るという活動に広げていくことができます。

3. ディスカッション

✎ 事例8について話し合い，自分が保育を実践する視点でまとめてみましょう

_____

_____

知識を深めるための **参考文献**

・田村寿美恵著，平野恵理子絵『糸あそび布あそび（たくさんの不思議傑作集）』福音館書店，2003年
・菊池貴美江著，芸術教育研究所監修『先生も子どももできる楽しい指編みあそび』黎明書房，2001年
・広瀬光治著『広瀬光治のゆび編みレッスン』日本ヴォーグ社，2001年
・大図まこと著『ぼくのステッチ・ブック−シンプルでかわいいクロスステッチのおもちゃ箱−』白夜書房，2008年
・大図まこと著『ホップ・ステッチ・ジャンプ！ふだん使いのクロスステッチ』白夜書房，2009年

(武田京子)

事例9：布で遊ぶ

　3・4・5歳混合の異年齢保育の活動です。シーツ・風呂敷などの身近な布は，子どもたちの興味を惹く素材です。風呂敷を身にまとってマントにすると忍者のような気分で，足取りまで変わりました。毎日昼寝に使い洗濯を繰り返したシーツはすっかり身体になじみ，安心して頭からもぐり込んで楽しんでいます。友だちと裁ち落としの布の端を持って力いっぱい引っ張ると，切れ目から音を立てて布が裂けていくことに驚き，次々と破くことを楽しみました。

写真6-27　風呂敷をまとって

写真6-28　シーツに入って遊ぶ

写真6-29　力いっぱい引っ張って

4．事例9について自分の考えをまとめよう

🖉 注目したところ

🖉 疑問点，質問したいこと

事例10：布に描く

　洗いざらしのシーツや木綿の布にアクリル絵の具で描きました。「布」という素材に惹かれて，いつもは描こうとしない子どもも興味をもって加わりました。筆で何度こすっても破れないので，思う存分色を重ねる子どももいます。大きなシーツに余った絵具をたらすことに夢中になる子どももいます。園庭で乾かしていると，昼寝から起きた子どもたちが大喜びです。色美しい布が風に揺れる様子に乳児クラスの子どもたちも興味津々で集まってきました。遊具に上った子どもは揺れる布を見て，「僕が飛んでるみたい！」と大声をあげました。

写真6-30　布に描く

写真6-31 揺れる布に興味津々

写真6-32 僕が飛んでるみたい!

5. 事例10について自分の考えをまとめよう

✎ 注目したところ

✎ 疑問点,質問したいこと

6. 事例9,10をとらえる視点

(1) 事例9,10から広がる考え方・発想

　布は,赤ちゃんの産着やタオル,日常の衣服などのように,生まれた時からなじんでいる素材です。事例9の子どもたちは,身体全体で布とかかわっています。事例10では,布に描くことで紙に描くのとは異なる布の感触や風に揺れる布の美しさへの気づきが生まれます。布の色や動きが加わることで園庭の環境も変化したことにも注目しましょう。子どもたちが布とかかわる時,どのような行為や感じが生じるのか考えてみましょう。

7. ディスカッション

✎ 事例9,10について話し合い,自分が保育を実践する視点でまとめてみましょう

(小野　和)

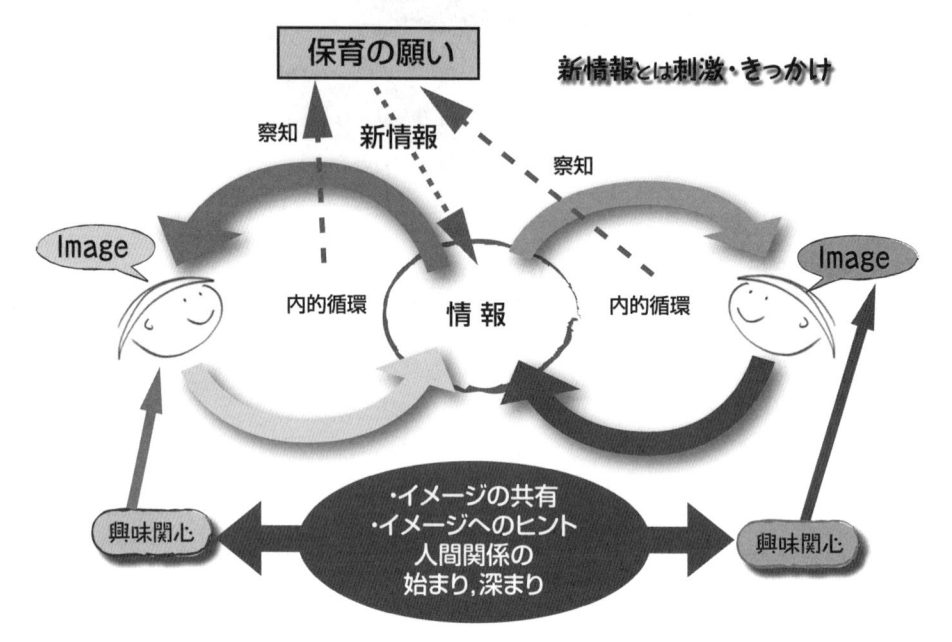

コラム③ 「その子の思いをみんなにつなげる援助とは」

図5 一人一人の思いをみんなにつなげる保育者の役割

　人間は同じような行動をしているようですが，実は**一人一人違った行動をしています**。年齢・性別・興味や関心・経験の度合い・その日の体調・心持ちによっても行動は異なります。ですから，行動を通してあなたの興味・関心や心持ちが"表現"されている…ともいえます。そうした"表現"のやり取りこそ人間らしい営みです。友だちの行動をみて共感することも大切です。行動をまねしたりされたりすることで友だち関係が豊かになっていく…という体験は，誰もが味わったことがあるはずです。つまり，友だちと違う…といううれしさと，友だちと一緒…といううれしさがどちらも存在します。みんな一緒…を強要してはいけないのです。一人一人を尊重することがスタートです。

　保育はここが大事です。**一人一人違う個性**（年齢・性別・興味や関心・経験の度合い・その日の体調・心持ち）があること，それぞれが面白い，すてき，不思議…と見つけられるきっかけづくりこそ保育です。一人一人といいながら，集団（グループ・クラス・園といった）だからこそ，体験し合える場なのです。その集団の中で，友だちの「いいところ見つけ」ができる雰囲気づくりこそ**保育者の役割（援助）**です。

　子どもたちは，保育者と子どもという関係だけでなく友だちの様子をしっかりチェックしています。そして「おもしろそう」と自分もやってみます。それが子ども同士の「いいところ見つけ」です。

6章　ものとのかかわりを深める

【子ども同士の「いいところ見つけ」】

写真① 女児（4歳）

写真② 砂場遊び

　写真①の帽子をかぶった女児（4歳児）がウッドデッキに筆を持ち出して水で絵を描き始めました。その様子を見ていた同じクラスの女児が「おもしろそう」と，筆を部屋から持ってきて描き始めました。幼稚園教育要領「表現」の"内容の取扱い"のなかで「…他の幼児の表現に触れられるよう配慮したりし…」と示しています。またそうした行動は，面白そうとまねした子どもにとっても刺激になって，新しい発見からイメージが広がるきっかけになりました。まねされた子どもは共感してくれたうれしさ，つまり認められた喜びにほかなりません。

　写真②の砂場でのスナップは似た遊びをしていますが，それぞれが自分のイメージで遊んでいます。しかし，友だちの様子には**敏感に観察している**ことが見えます。

　写真③は年長児の活動で，エビとカニをテーマにした劇づくりの一コマです。考えを出し合い話し合いながら海の様子を描いています。そこには**友だちと共通の目的に向かって取り組める人間関係**がしっかりと育っています。こうした育ちは簡単ではなく，写真②を体験し，写真①の活動を経て，写真③にたどり着きます。指示が多い保育では，子ども同士のかかわりを育てられません。「ここは青でぬるのよ」「○○ちゃんはカニを描くのが得意だからもっと描いてね」という指示は保育者の手先になって作業しているように思えてなりません。そうした活動を「共同制作」とはいいません。子ども同士のイメージや行動の積み重ねが**「協同の活動＝協同製作」**で，保育が目指す**「一人一人が自信を持って生きる」**子どもに育てます。

写真③ 劇づくり（年長児）

（平田智久）

| 考えてみよう **1** | **絵から見えてくる子どもの姿Ⅰ**
―造形発達の目安― |

身近な子どもに接したり，実習や作品展の後などにこのページをコピーして，絵を通して子どもたちの姿や気持ちを考えてみましょう。詳細については，138ページを参照ください。

「あなたが見た絵は？」

☑ あなたが見た絵に印をつけましょう。
☑ 子どもの姿やあなたの感じたこと，考えたことを記入しましょう。
☑ 他にも印象に残った絵があったら，写真やメモ，実物などを加えましょう。

記入日　　．　　．

✎ 子どもの姿　　✎ あなたの感じたこと　　✎ 考えたこと

☐ 偶発的スクリブル

記入日　　．　　．

✎ 子どもの姿　　✎ あなたの感じたこと　　✎ 考えたこと

☐ 意図的スクリブル

記入日　　．　　．

✎ 子どもの姿　　✎ あなたの感じたこと　　✎ 考えたこと

☐ 意味付けスクリブル

6章　ものとのかかわりを深める

記入日　　　．　　．

📝 子どもの姿　　📝 あなたの感じたこと　　📝 考えたこと

☐ 円の獲得

記入日　　　．　　．

📝 子どもの姿　　📝 あなたの感じたこと　　📝 考えたこと

☐ 頭足表現

記入日　　　．　　．

📝 子どもの姿　　📝 あなたの感じたこと　　📝 考えたこと

☐ 人の表現

考えてみよう 2　絵から見えてくる子どもの姿 II
　　　　　　　　　　　－造形発達の目安－

　身近な子どもに接したり，実習や作品展の後などにこのページをコピーして，絵を通して子どもたちの姿や気持ちを考えてみましょう。詳細については，139ページを参照ください。

「あなたが見た絵は？」

☑ あなたが見た絵に印をつけましょう。
☑ 子どもの姿やあなたの感じたこと，考えたことを記入しましょう。
☑ 他にも印象に残った絵があったら，写真やメモ，実物などを加えましょう。

記入日　　　．　　．

✎子どもの姿　　✎あなたの感じたこと　　✎考えたこと

☐ 基底線　　☐ アニミズム

記入日　　　．　　．

✎子どもの姿　　✎あなたの感じたこと　　✎考えたこと

☐ 二重になった基底線

6章　ものとのかかわりを深める

記入日　　　．　　．

🖊 子どもの姿　　🖊 あなたの感じたこと　　🖊 考えたこと

☐ さまざまな基底線
（略図を描きましょう）

記入日　　　．　　．

🖊 子どもの姿　　🖊 あなたの感じたこと　　🖊 考えたこと

☐ 異時同存

記入日　　　．　　．

🖊 子どもの姿　　🖊 あなたの感じたこと　　🖊 考えたこと

☐ レントゲン表現

7章 イメージを広げる工夫

1節　絵の具遊びから

事例1：絵の具で遊ぼう（さまざまな線，たらす，吹く，ぼかす）

補足

この事例は，年長児を対象とした活動で「造形活動を通して子どもの生きる力の基礎をはぐくむ」を年間目標として，2010（平成22）年4月に実施したものです。

　この活動の最大の魅力は，絵の具を「色がついた液体（色水）」として扱い，素材の可能性を広げて，子どもの好奇心や探究心を育む点にあります。発展事例として，①絵の具とクレヨンを併用して撥水性（水をはじく）を楽しむこと，②○△☆などの特殊形の画用紙を用いて，絵の具の表情と共にイメージをふくらませること，③植物の皮・葉・花や土から色水づくり自体を楽しむことなどが考えられます。

写真7-1　5つの絵の具遊びの様子

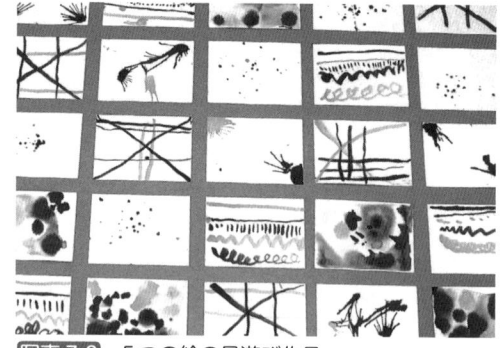

写真7-2　5つの絵の具遊び作品

1．事例1について自分の考えをまとめよう

🖊 注目したところ

　

　

🖊 疑問点，質問したいこと

2．事例1をとらえる視点

(1) 事例1から読み取る：一人一人の表現世界が広がるための援助とは

　この活動を設定した保育者の意図は二つあります。その一つ目は，「子どもが好奇心や探究心などを働かせ，さまざまな絵の具の表現に遊びながら親しむ」です。子どもたちはB6判の画用紙に絵の具（赤，黄，青）を使用して，五つの遊び（技法）に取り組みました。一つ目は，直線・点線・クルクル線など，二つ目は，縦・横・斜めの線を描くこと。三つ目は，絵の具を紙にたらし，四つ目は，紙の上に溜めた絵の具を息で吹き，五つ目は，紙を濡らして絵の具をにじませることです。はじめは，子どもたちの筆を持つ手が緊張していましたが，体を大きく使って表現することで次第に力の入れ具合や動かすリズムに慣れ親しんできました。

　保育者の意図の二つ目は，「子どもの日に期待をふくらませながら，自らが先の五つの遊び（技法）を選択して，自分なりのコイノボリづくりを楽しむ」です。子どもたちは，雨のように絵の具を降らせること，虹のように絵の具が混ざって変化すること，昆虫や花火のように偶然に形ができる遊び（技法）体験を基に，「使ってみたい」「もっとやってみたい」ことを選び，組み合わせて，B4判の画用紙にコイノボリの表現を楽しみました。

写真7-3　コイノボリづくりの様子①

写真7-4　コイノボリづくりの様子②

3．ディスカッション

✎ 事例1について話し合い，自分が保育を実践する視点でまとめてみましょう

（村田　透）

2節　写る・写す遊び1（紙版の活動から）

事例2：紙版画での表現

　紙版画は幼児の版画活動では比較的高度な活動ですが，それだけに子どもたちのさまざまな可能性を引き出すことができるものともいえます。原版をはり絵の要領で作り，そこにローラーでインクをのせて，紙をあて，刷り取った時の喜びや，それが何枚も出来上がる驚きと感動はとても大きなものでしょう。写真7-6は，「宇宙に住む不思議ないきもの」と題して保育者が素話を行った後に取り組んだ紙版画の作品です。同じ素話を聞いた子どもたちが，個々に発想をふくらませ，それぞれ独自の表現をしていることがよくうかがえます。

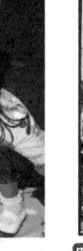

写真7-5　活動の様子
写真7-6　紙版画「宇宙に住む不思議ないきもの」（5歳児）

> **補足**
> **紙版画**
> 　紙を切り貼りして原版を作り，それに版画用ゴムローラーでインクをつけて，刷ります。刷り取る紙は画用紙のような厚手のものではなく，薄いものが向いています。またインクは，幼児の場合は水性インクを使用するとよいでしょう。
>
> 写真7-7　版画インキ

1. 事例2について自分の考えをまとめよう

✎注目したところ

＿＿＿＿＿＿＿＿＿＿＿＿＿＿＿＿＿＿＿＿＿＿＿＿＿＿＿＿＿＿＿

✎疑問点，質問したいこと

＿＿＿＿＿＿＿＿＿＿＿＿＿＿＿＿＿＿＿＿＿＿＿＿＿＿＿＿＿＿＿

2. 事例2をとらえる視点

(1) 紙版画の特性と表現

　紙は**可塑性**(かそせい)に優れ，さまざまな表情をつくり出せる材料です。その性質を活用して形を作り，表情を写し取ることができるのが紙版画です。普段扱いなれた紙を切ったり，折ったり，重ねたり，クシャクシャにしてみたりと，子どもたちが

> **用語解説**
> **可塑性**
> 　固体に力を加えて変形させたときに，元に戻らない性質をいいます。この性質に優れるということは，小さな力でも簡単に変形する，すなわち折ったり，切ったりすることが容易であるということです。

7章　イメージを広げる工夫

表現のためにどう素材を変化させていくのか，それも個々の表現が発揮される紙版画の面白さの一つです。保育者は，その可能性を引き出す援助の工夫ができるとよいでしょう。前頁の作品の導入に使った素話もその工夫の一つです。その他にも，みんなで魚を作ってそれにクリップを付け，磁石で「魚釣りごっこ」をしてから，それを原版に一枚の大きな紙に刷って水族館を作るなどしても楽しいでしょう。

(2) 紙版画の援助

紙版画は写ることの理解を必要とするため，スタンピングやスチレン版画などからの順に体験していくことが大切です。写真7-8のように，本格的な紙版画の活動の前に，ちぎった紙を重ねたり折ったりして刷り取る簡単な紙版画を経験させ，その面白さを子どもたちに伝えることも有効です。写し取るという構造の理解ができていれば，あとは子どもたちの自由な発想を大切にしていきましょう。

例えば，原版が想定していたサイズよりも大きくなってしまった時のために，刷る紙は大きめのものを用意します。また，子どもの中でイメージがふくらみ，原版が3次元になってしまうこともよくあります。こんなときには，3次元の原版にそのままインクをのせて紙を当てれば良いのです。大切なことは子どもの自由な発想を尊重することであり，きれいに刷り取るという版画の完成度ではありません。インクも色が混ざることを恐れず，自由にローラーを走らせましょう。

版画の特性である，作品が何枚も出来上がる驚きと感動は，子どもたちに次の活動への大きな欲求を与えてくれます。紙以外にも糸やテープ，木の葉などの自然物を貼ってみたらどうなるだろうか，もっと大きな画面に皆で作りたいなど，子どもたちの表現に対する欲求を引き出し，そしてそれに応えていきましょう。

3．ディスカッション

事例2について話し合い，自分が保育を実践する視点でまとめてみましょう

（釆睪真澄）

補足

切り取り版画

「魚釣りごっこ」のケースのように，原版を台紙に貼り付けて作るのではなく，形を切り取って作るような活動を切り取り版画といいます。この場合，輪郭線がはっきりと出て，子どもが形の理解をしやすいという利点があります。印刷は，新聞紙の上でインクをのせて，それを別の新聞紙に移動させて刷りとります。

写真7-8
紙の組み合わせによる初歩的な紙版画の作品

3節 写る・写す遊び2（刷り込み・ステンシル'孔版'の活動から）

事例3：あな，あな，何の穴？　穴を塗って遊ぼう

「自由に手を動かして塗ったのに，型紙を取るときっちりとした形が描けている！」　ステンシルは子どもたちにそんな「驚き」や「喜び」を体験させることのできる技法です。牛乳パックやケーキの箱など，厚くて防水性のある紙を使って，円や三角などの形を切り抜き，型紙を作ります。季節に合わせて「こいのぼり」や「クリスマスツリー」の型紙などを作ってもよいでしょう。

その型紙の穴の部分を塗りつぶして形を写す表現方法です。小さな子どもは待ちきれなくて型紙を外してしまい，いつもの描画と同じになってしまうことも多々ありますが，そこを上手に声かけするのも保育者の力量です。

この技法は「同じ形をきれいにたくさん描く」「連続した形を描く」といった表現に向いていますが，子どもの全身像を紙の上に寝せて輪郭を型取り，それを型紙にして「等身大の自分を壁に写す」といった大きな制作につなげることもできます。

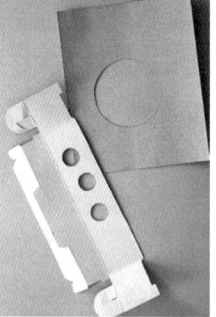

写真7-9　型紙

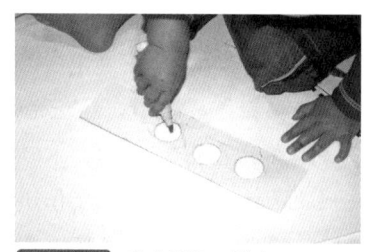

写真7-10　穴を塗りつぶす

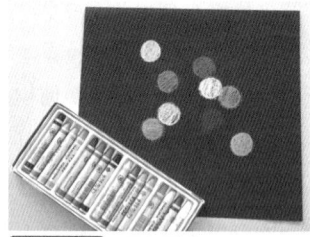

写真7-11　同じ形をつくる

補足

ステンシルとは

版技法の一つで，孔版と同義で使われます。他の版形式（凸版，凹版，平版）が版材の表面に盛ったインクを転写して図柄を作るのに対して，孔版では版にあけられた穴（孔）をインクが通過して図柄を作る仕組みです。防水性の紙やスチロール板などに文字や模様を切り抜き，その切り抜かれた穴から絵の具や顔料を刷り込み印刷します。

日本古来の「合羽版」やTシャツ制作などに使用される「シルクスクリーン」，家庭での「プリントゴッコ」などはこの版技法によります。

世界最古のステンシル

フランスの中・西南部からスペイン北部には，先史時代に描かれた洞窟壁画が数多く残ります。その中にはおよそ2万7千年前のものとされる「ステンシル」の技法で描かれている手形や馬の絵があり，それらは「現存する世界で最も古いステンシル技法の作品の一つ」とされています。小動物の骨などをストローに，溶いたオークルやカーボンを吹き付けて手形を取ったものです。

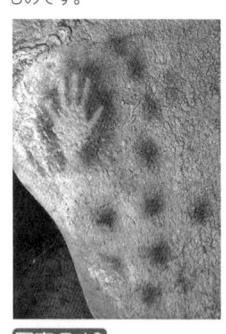

写真7-13
世界最古のステンシル

1．事例3ついて自分の考えをまとめよう

注目したところ

疑問点，質問したいこと

2. 事例3をとらえる視点

(1) 事例3から読み取る：子どもの気持ちをくみ取る対応とは

年齢の高い子どもでは型紙を「作る」段階，年齢の低い子どもでは型紙を「選ぶ」段階から子どもの反応に注意を払い，対話をしながら作業を進めます。「穴だね，見えるね」と「穴」に子どもの気持ちを向けましょう。塗り込む時には「ぬりぬりぬり」など，塗っている実感や楽しさが増すような声かけを心がけましょう。

写真7-12　大きな穴ができたよ

(2) 事例3から読み取る：さまざまな援助とは

いろいろな画材による表現の変化を楽しむことのできる技法です。クレヨン，ペン，タンポ筆，鉛筆，ローラー，霧吹きなど，子どもの年齢やテーマ（季節や他の保育内容との兼ね合い）に合わせて画材を選びましょう。また，紙も色や大きさ・長さを工夫してみましょう。そして紙だけではなく，布や壁面などにも写してみましょう。

(3) 事例3から読み取る：援助の多様性とは

この技法を使いたいと子どもに思わせる「生活（体験）」が大切です。例えば，鈴なりの果物を見たら「同じ形をたくさん描きたい」と思ったり，電車の絵本を見たら「連続した形はおもしろい」と思うかもしれません。子どもが進んで何かを表現したいと思うためには，日ごろの「豊かな保育」が欠かせません。

(4) 事例3から広がる考え方・発想・こんな視点も

ステンシルは大人がやっても楽しめる技法です。しかも誰でも「うまく描ける」「魔法」の技法なので，お絵描きに苦手意識をもっている人でも参加しやすい「造形表現」です。アルファベットや動物の型紙などを用意して，保育所や幼稚園の親子ワークショップや体験コーナーなどで活用するのもお勧めです。

補足

タンポ筆

0歳児クラスから使用できる画材の一つで，脱脂綿を木綿の布で覆って作ります。柄は割り箸を使うことが多いですが，散歩中に拾った小枝を使うなど，身近にある素材と結びつけると子どもは喜びます。子どもの手に合った素材（ヤクルトや一口ゼリーの空き容器など）でいろいろ作ってみると良いでしょう。「写る・写す遊び」でぜひ使いたい画材です。

写真7-14　タンポ筆

3. ディスカッション

事例3について話し合い，自分が保育を実践する視点でまとめてみましょう

(小笠原文)

4節　版を使ったいろいろな遊び（版遊びの紹介）

事例4：身体や指先を使った版遊び

子どもにとって最初の道具は自分の身体です。手のひらや足の裏に絵の具をつけてペタンと押すと，はんこのように形が写し取られます。押すことを楽しむばかりでなく，遊ぶ中にも意図的な表現やそのための工夫をする姿が見られます。

写真7-15では太陽を手型で表現していますが，他の部分は指先を一つの「版」とみなしてスタンプしています。

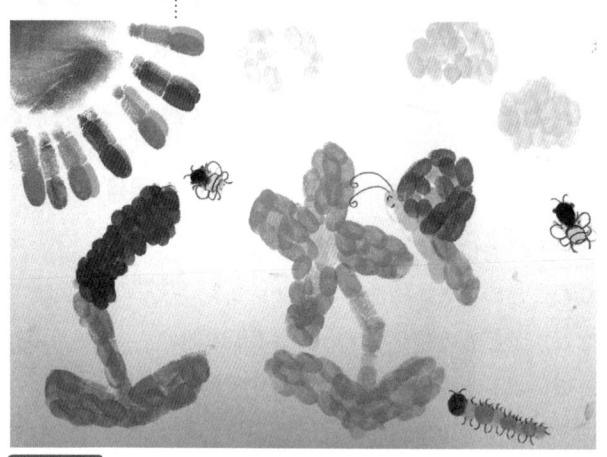

写真7-15　手と指先を使った作品「お花と虫さんたち」

【身近な素材でのいろいろな版遊び】

ダンボールの断面や野菜の切り口などでも版遊びができます。特にダンボールは断面の形が面白いだけでなく，紙に押しつけたままひねると，蝶のような形になります。また，野菜などはスタンプを楽しむだけでなく，切り口の形から野菜を当てる遊びにも展開できます。

身近な廃材である発泡スチロールのトレイでも，立派な版が作ることができます。柔らかいので爪や竹串などで穴をあけたり引っかいたりして遊んだ後，インクをつけて印刷すればスチレン版画になります。

知識を深めるための **参考文献**
・鳥垣英子著『手足でポン！スタンプペインティングBOOK』いかだ社，2008年
・エド・エンバリー著『エンバリーおじさんの絵かきえほん　しもんスタンプでかいてみよう』偕成社，2002年

1．事例4について自分の考えをまとめよう

✎注目したところ

✎疑問点，質問したいこと

2. 事例4をとらえる視点

　指先を使った版遊びの場合，版画と描画という二つの要素をもつ遊びといえますが，実践するうえでいくつか気をつけたいことがあります。

(1) 使用する紙の大きさ

　指先を使った版遊びでは，大きな紙を使用しないほうがよいでしょう。なぜなら，押し続けて子どもが疲れてしまう場合があるからです。子どもが疲れずに楽しく活動するためには，子どもに与える紙の大きさを考えることが必要です。

(2) 指先を使った版遊びを楽しめない子どもに対する援助とは

　大きな紙でなくても，押し続けることに固執したり，いろんな形を作って楽しみたいのに，どうしたらいいのか分からないという場合もあります。この場合，数回スタンプして何かひとつの形になるよう保育者がやって見せたり，さらにマーカーなどで加筆して形の意味づけをはっきりさせるとよいでしょう。また，紙にあらかじめ線をひいておき，その線を何かに見立てて，線の周りにスタンプさせるようにすると，押し続けて紙面を埋め尽くす活動に陥るのを回避することにつながります。写真7-16では線を地面に見立てていますが，水面や，道路などいろいろ想像することで多様な展開が期待できます。

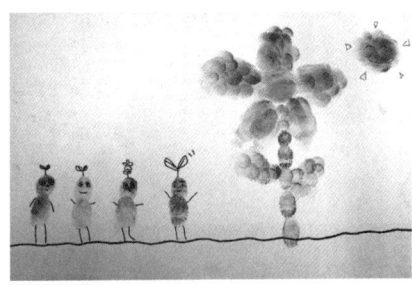

写真7-16　はじめに線を引いておき，その線を地面に見立てた作品

(3) 身近な素材での版遊びは，家庭でも楽しめることを視野に入れよう

　野菜やダンボールなどのスタンプ遊びには，子どもだけでなく大人にも身近にある物の形の意外な美しさ，面白さに気づき，発見する楽しさがあります。野菜のスタンプなどは家庭で出た野菜くずを持ち寄るとよいでしょう。こうした造形活動は園だけでなく家庭でもできるので，親子での形見つけやスタンプ遊びにつなげたいものです。

3. ディスカッション

　事例4について話し合い，自分が保育を実践する視点でまとめてみましょう

(鳥越亜矢)

5節 ごっこから

事例5：みんなでクッキーやさん

子どもたちはお菓子が大好きです。色画用紙の破片をクッキーに見立てて食べるふりをしたり，模様を描いたりして楽しみます。そこで，「今日はみんなでお菓子屋さんになっておいしいお菓子を作ろう！」と呼びかけると，子どもたちは大喜びです。保育者は，まず，お菓子作りの手順を子どもたちに示しました。

① 小さな画用紙を好きな形にハサミで切ってお菓子の形を作ります。
② 絵の具の味つけコーナーに行って，茶色（チョコレート味）・赤色（イチゴ味）・黄色（バナナ味）などを塗り，おいしいお菓子を作ります。
③ 保育者があらかじめダンボールに扉をつけて準備した「電子レンジ」の中にお菓子を入れて，乾かします。
④ 乾いたお菓子は，壁に貼った模造紙に貼っていきます。

こうした流れから，子どもたちはお菓子屋さんになったつもりでさまざまな形・味つけのお菓子を繰り返し作りました。そして，模造紙に貼ったたくさんのお菓子の前で，「いらっしゃいませ！」という店員の声が聞こえました。今度は，お菓子を買いに行く人，売る人に分かれ，さらにごっこ遊びが発展しました。

写真 7-17 切った紙に味つけ（絵の具を塗る）

写真 7-18 ダンボールで作った電子レンジにクッキーを入れる

写真 7-19 できたお菓子を壁に設定した模造紙に貼る（みんなでお菓子屋さんになりました）

1．事例5について自分の考えをまとめよう

✎ 注目したところ

✎ 疑問点，質問したいこと

2．事例5をとらえる視点

(1) 事例5から読み取る：子どもの気持ちをくみ取る援助とは

　援助とは，子どもたちに直接アドバイスをしたり言葉をかけることだけではありません。この実践例のように，子どもたちはあらかじめ保育者が準備した設定の中で，主体的に動き，生き生きと自分なりの表現をしています。つまり，保育者は，子どもの興味（この事例では「お菓子が好き」「お菓子を作りたい」という思い）をきっかけに，どのような環境があれば，楽しく実現できるかを考え，絵の具コーナーや電子レンジコーナー，お店コーナーを設定しています。また，お菓子作りの手順を最初に示すことで，子どもは作り方のイメージが湧き，スムーズに活動しやすくなります。

　さらに，この活動を盛り上げるために，例えば「クッキー屋さん」のエプロンや帽子を作って身につけたり，「お買い物ごっこ」を楽しめるように，買い物かごやレジのコーナーを用意しておくと，その後の園生活においても，「お買い物遊び」が広がっていきます。また，お菓子やさんごっこがきっかけになり，お店屋やスーパーマーケット，宅配，トラックでの配達ごっこなどの遊びが生まれ，多様なごっこに広がっていくことでしょう。

(2) 事例5から広がる考え方・発想：こんな考え方も

　この実践は，ごっこ遊びを楽しみ，絵の具などを扱える年齢の子どもは皆楽しむことができます。ただし，造形的な視点からいうと，年齢，あるいは個人の特性により，子どもたちの楽しみ方は多少異なってきます。例えば，3歳児クラスでは，絵の具の味つけの際，色を混ぜたり紙に色を塗ること自体を繰り返し楽しむでしょう。また5歳児クラスでは，ハサミが比較的自由に使えるようになっているので，形にこだわり，それを収集することに夢中になるかもしれません。このように，きっかけは「みんなでお菓子屋さん」になることですが，各個人の造形的な楽しみの差異が存在することを，保育者として押さえておきましょう。

3．ディスカッション

✎ 事例5について話し合い，自分が保育を実践する視点でまとめてみましょう

> **事例6：人形でお出かけ**
>
> 　子どもたちは，小さな紙を指に巻いて筒を作り，そこに目や口を描き指人形を作りました。指人形はやがて指から独立し，友だち同士の人形と歩いたり，机の下や積み木の上を散歩したりして，人形ごっこに発展していきました。さらに，子どもたちは小さな紙で赤ちゃんを作ったり，筒を横にして動物を作ることも始まりました。人形自体も，耳や手足をのりで貼り付けるなど工夫し，さまざまな形態ができてきました。
>
> 　そうした遊びが発展してきたころ，保育者が画用紙を子どもたちに提示すると，子どもたちは人形が楽しくなるような場所や，人形のお家などを絵に描き，作った人形を絵の上で動かして遊びました。また，友だちの絵の中に入り，人形同士でお話をし，そこからさらにイメージをふくらませて絵を描いて遊んでいました。
>
> 写真7-20　指人形を作ってごっこ遊びが始まりました　　　写真7-21　人形が楽しくなるような世界を描きました

4．事例6について自分の考えをまとめよう

✎ 注目したところ

✎ 疑問点，質問したいこと

5．事例6をとらえる視点

(1) 事例6から読み取る：子どもの気持ちをくみ取る援助とは

　この事例では人形作りから始まりました。子どもたちは何かを作ったとき，それで終わるのではなく，作ったもので遊ぶ活動が自然と出てきます。そして，遊びながらイメージをふくらませ，さらに発展させて何かを作ろうとします。この流れは遊びに即した制作過程であるといえます。保育者は作ることを最終目的とするのではなく，作った後の遊びの活動までを含めて幼児の造形をとらえることが大切です。

　さらに，この事例では人形遊びが発展してきたころを見計らって，保育者が画用紙を子どもに提示しました。それは，遊びの中で子どもたちはイメージや思いが豊かにふくらんでいますので，そのタイミングで紙を出すと，思いやイメージを描きやすいという効果があります。

(2) 事例6から広がる考え方・発想：こんな考え方も

　子どもは，作って遊ぶ，あるいは描きながら遊ぶということをします。この中にそれぞれの子どもの表現活動があります。つまり，絵画や制作物の作品が第一ではなく，作ったり描いたりする過程こそが子どもの表現を育てます。ここで，過程を楽しむためにはどのような環境の工夫や援助が大切なのかということが，保育者にとって大切な視点となります。

　例えばこの事例の中では，子どもが人形を作った後に，遊べる時間や，場所，行為（好きなところに動いたり，机の下に潜るなど）を容認し，自由さを設けています。こうした環境だけでも，子どもの表現活動は変わってくるのです。そして，友だち同士のかかわりも大事にしています。子どもたちは，友だちとの相互影響の中で感性や技術を育てていくのです。そうした意味で，この事例の発展として考えられるのは，みんなの人形の町を紙で制作したり，大きな紙に共同で描いたりしても楽しい活動になるでしょう。

6．ディスカッション

　事例6について話し合い，自分が保育を実践する視点でまとめてみましょう

（栗山　誠）

6節　お話から

事例7：「鯉のぼりづくりから，鯉のぼりの絵へ」（5歳児）から

　S幼稚園では，5歳児の各クラスが毎年4月下旬になると，クラスの子どもたち全員が主体的に取り組む「鯉のぼりをつくって，みんなで園庭で揚げる取り組み」が始まります。そして，その数日後に「鯉のぼりを揚げたことについての絵」を表現していきます。この一連のプロセスを紹介し，特に，「鯉のぼりの絵（お話の絵）」について，考えていきます。

知識を深めるための **参考文献**
・花原幹夫編著『保育内容表現』北大路書房，2009年

写真7-22　鯉のぼりの絵

【活動プロセス】
① 鯉のぼりづくりのきっかけ（4月下旬）
　1) 例年，何人かの子どもたちから自然発生的に「きょねん，年長さんがつくった鯉のぼりをつくりたい！」と担任に対して要望が出てきます。
　2) 担任は，その要望を受け止め，要望のあった子どもたちに，「今日の帰りの会で，自分たちで鯉のぼりづくりをしたいことをクラスの仲間に話してみるといいよ」と提案しアドバイスをしていきます。
　3) 子どもたちが，話し合いをし，昨年の年長さんのように，鯉のぼりづくりをしようということをみんなで納得しながら決めていきます。
② 話し合いをしながら，鯉のぼりづくり（4月下旬から5月下旬）
　1) クラスの中にある5つの生活グループごとに鯉のぼりづくりのキャプテンを決めるための話し合いをします。
　2) 各グループの一人一人がどんな鯉のぼりを作りたいかを話し合いなが

補足
　子どもたちは，年少のころから，年長のお兄さん，お姉さんたちが作って，園庭で揚げている鯉のぼりを見ており，自分たちも年長さんになったら鯉のぼりを作って揚げたいな，という強い憧れや希望を持ちながら園生活を送っています。このことは，その園が創り出す園文化の一つになっているといえるでしょう。

ら，作りたい鯉のぼりのイメージを共有していきます。
　3) 作りたい鯉のぼりが決まると，設計図づくり（四つ切サイズのタテ半分サイズの画用紙にそのグループが作りたい絵をクレパスで描く）をします。
　4) 各グループが1.8mの白の布でできた鯉のぼり（事前に担任が作っておく）に設計図を見ながら下絵を描き，その下絵にポスターカラーで色をつけていきます。
　5) 完成します。
③　鯉のぼり集会（5月下旬）
　1) 年長全員で，各クラスの各グループの鯉のぼりを園庭に立てたポールに順番に揚げていきます。
　2) その後，元園長の描いた「鯉のぼりのお話（ファンタジックな物語）」の紙芝居を全員に読み聞かせて，集会は終了します。
④　鯉のぼりの絵を描く（5月下旬）
　鯉のぼり集会の後日，クラス担任は，クラスで鯉のぼりづくりから集会までのプロセスを振り返ってみて，子どもたちに対してどう思ったのか，どう感じたのかなどの投げかけをしました。
　その際に，例えば鯉のぼりを仲間と時間をかけてがんばって作ったことについての問いかけ，自分たちの作った鯉のぼりと遊べるのだったらどのようなことをして遊びたいと思うかなどの問いかけ，やりとりをしながら，子ども一人一人の思いを話してもらいました。
　子どもたちは，それぞれが味わった達成感や，作った鯉のぼりに対しての愛着，感情などを思い思いに話し合いました。そして，担任はそれを絵で表現してみようと子どもたちに投げかけ，子ども各個人持ちのクレパスで，八つ切り画用紙に描いてみようという提案をし，子どもたちは思い思いに描き出しました。
　描き終わった子どもから担任のところへ絵を持っていき，その絵について一人一人子どもの話を聞き，じっくりとやりとりをしました。その中で，A子が描き終えた絵を担任のところへ持ってきました。A子は描いた絵について，担任とのやりとりの中で次のように話をしました。

　　A子の話
　　あのね，こいのぼりのくににいくときにね，はじめはね，みんなでつくったこいのぼりに，わたしが，のってたらね，くもにであったの。
　　それでね，くものうえにものったの。
　　それでね，くもにのるまえはね，おひさまにもであったの。
　　くもにのってね，とってもきもちよかったの。
　　それでね，ようちえんにかえってきたの。

1. 事例7について自分の考えをまとめよう

📎 注目したところ

📎 疑問点，質問したいこと

---

2. 事例7をとらえる視点

(1) 事例7から読み取る：主体的な対話とその援助

　鯉のぼりづくりまでのプロセスの中（①〜③）の大きなねらいの一つとして，年長の子どもたち一人一人が，仲間で話し合いをしながら，仲間の意見を聞き，自分の意見を仲間に伝えるということがあります。そのためには，担任としては，子どもたち一人一人の考えや意見を，まずは良い悪いという判断はせずに聞きながら，それぞれの考えや意見を整理しながら対話をし続けていくことを重視しています。

　そのようなことから，鯉のぼりの完成の時期についても，5月5日の子どもの日には何が何でも，鯉のぼりを揚げなくてはならないという保育者側の一方的な都合で決めるのではなく，あくまで，子どもが主体的に対話をしていくということを検討した前提で，活動のねらいを達成するために，時期設定をしっかりと考え，計画して取り組んだ活動であることが分かります。

(2) 事例7から読み取る：経験したことを表現していくポイント

　多くの保育現場で，子どもたちが「遠足」「運動会」「イモ掘り」などの活動をした翌日に，その経験をしたことを描くという，いわゆる経験画を描く活動があります。なぜ，活動の翌日に絵を描く活動をするのでしょうか？　経験したことをすぐ描く理由は何なのでしょうか？　経験したことを再現するために描くとい

う「ねらい」があるから描くのでしょうか？

　この④での5歳児クラスの担任のねらいとしては，子どもたちが約1か月もかけて取り組んだ鯉のぼりづくりから鯉のぼり集会までの取り組みについて，子どもたち一人一人が，鯉のぼりを仲間で作り，それを揚げたという達成感を味わい，その経験したことを単に思い出して描くだけでなく，子ども一人一人の鯉のぼりについての感じたことや，そこから広がるさまざまなイメージを子どもが自分なりに主体的に，創造的に表現をしていくということでした。

　担任としては，子どもたちにこの活動を振り返ってどう思ったのかという単純な問いかけだけでなく，例えば鯉のぼりと一緒に遊ぶのだったら，どんな風に遊んでみたいかという空想的なイメージが浮かぶような問いかけなど，一人一人の子どもの頭の中に浮かぶような多様な問いかけ，やりとりをしていきました。子どもたちが描いた絵には，一人一人の違いがみられました。

　その中で，A子の描いた絵には，自分たちの作った鯉のぼりに自分自身がまたがり，鯉のぼりの国へ行き，幼稚園の園庭の上空を気持ちよさそうにA子自身が自由に飛び回り，そして幼稚園に戻っていくという「一つの物語」がしっかりと描かれていました。この絵には，単に鯉のぼりづくりの経験を再現することだけにとどまらずに，A子なりの憧れ，理想，希望，空想などが豊かに表現されているのではないでしょうか。

3．ディスカッション

　事例7について話し合い，自分が保育を実践する視点でまとめてみましょう

（花原幹夫）

7節　植物（栽培）と

事例8：「水やりをする子ども」造形表現から見た栽培とは？

次の写真を見てあなたの意見を述べてみましょう。

写真7-23　「おはなさん，のど，かわいてる」
水やりをする子ども①

写真7-24　「よろこんで，のんでる！」
「きれいなはなが，さいてきた」
水やりをする子ども②

補足

趣旨からの受取り

遊び方や技法が先行するのではなくて，子どもの遊びから表現する面白さに気づいてみましょう。

知識を深めるための参考文献

・佐藤学，今井康雄編『子どもたちの想像力を育む－アート教育の思想と実践－』東京大学出版会，2003年

1．事例8について自分の考えをまとめよう

✏️注目したところ

_____

_____

✏️疑問点，質問したいこと

_____

_____

2．事例8をとらえる視点

(1) 事例8から読み取る：一人一人の表現を見つける視点とは

　一人一人の表現を見つける視点で大切にしたい点は，写真7-23・7-24の二人の子どもは，きれいに花が咲いてほしいと願い，「自分だったら」と置き換えて花への接し方を考えています。水やりという技法を用いて，花をきれいに咲かせる・保たせて園庭をデザインしていると考えるとどうでしょう。

(2) 事例8から読み取る：子どもの気持ちをくみ取る援助とは

　子どもの気持ちをくみ取る対応として，花の美しさによって命を思う・命をつ

7章　イメージを広げる工夫

くる・命をつなげるといったことに気づき始めています。そんな気持ちをしっかりと受け止め，花について保育者も一緒になって言葉にしながら会話を楽しむようにしましょう。

(3) 事例8から読み取る：さまざまな援助とは

写真7-23の子どもは，チューリップの「花」の部分を口に見立てて水を飲まそうとしました。なんでも人と同じように考える（アニミズム）ために，保育者は根っこから水を取ることを子どもに伝えました。写真7-24は，そのやりとりを見ていた子どもが水をあげています。何にでも試したい気持ちを見守るのも援助です。

(4) 事例8から読み取る：その子の思いをみんなにつなげる援助とは

4歳児・5歳児になるとよく当番活動で水やりをすることがあります。役割を決めて当番活動をしていると，「ぼーるあそびは、おはなにちゅうい」など絵を描いた看板を近くに立てる子どもがでてきます。

(5) 事例8から広がる考え方・発想・視点

「誰かを喜ばせたい」という相手がいる場合「落ちた花びらで何ができる」など，具体的な視点があるとイメージや発想は思いつきやすくなります。方法は大人のイメージ優先で決めつけないで，ボンドを使ったり水に浮かべたり窓に貼ったり透明テープでパッキンしたりと，子どもの考えを多様に受け止めましょう。

(6) 事例8から深まる考え方・発想

日本にはとても優れた造園技術があります。遠足で日本庭園に行くことがあれば，子どもたちはどのように喜ぶのでしょうか。また，見た後で自園を子どもとともにデザインするとどのような園庭環境になるのか，クラス内ではどのように置く・吊すのか，子どもとともに考えてみるといろいろな発想に出会います。

3．ディスカッション

✎ 事例8について話し合い，自分が保育を実践する視点でまとめてみましょう

> 事例9:「植物（栽培）から具体的な造形表現」へ
>
> 次の写真を見てあなたの意見を述べてみましょう。
>
> 写真7-25 いつでも描ける場所 
> 写真7-26 感じたまま絵になる 
> 写真7-27 「だんだん，いろがでてきた！」花を摘んで色水をつくる子ども 

4．事例9について自分の考えをまとめよう

✎ 注目したところ

✎ 疑問点，質問したいこと

5．事例9をとらえる視点

(1) 事例9から読み取る：一人一人の表現を見つける視点とは

　子どもにとって，経験は一人一人が違うエピソードを心に秘めています。何を感じたのか普段の子どものかかわりの中から理解できるよう，生活の過程にある植物との「物語」に注目します。

(2) 事例9から読み取る：子どもの気持ちをくみ取る援助とは

　子どもにとって経験から感じ取るものが違うのであれば，子どもによって腑に落ちる時間が違ってきます。一斉に描かせる活動のみでは子どもによって感じた

ままの表現が出しにくいことがあります。描きたい時に描ける環境が写真7-25のようにコーナーで設定されていることも援助となります。

(3) 事例9から読み取る：さまざまな援助とは

例えば，絵の具で絵を描くときは，「やってみたい」と思ったことを認めて受け止める保育をしていると，写真7-26のような多感な絵と出会います。そこには匂いや手触りや暑かったことが表現されています。そのためには，子どもの心を安心して出せる受容されたクラスの雰囲気（風土）づくりが重要です。

(4) 事例9から読み取る：その子の思いをみんなにつなげる援助

子どもが描いた絵は，すぐに壁面に貼るなどして飾ります。それが子どもにとって評価となり，クラスの受容された雰囲気を生み出しやすくなります。また，一斉に活動する際は説明をしてすぐに始めず，子どもたち同士の話し合いを弾ませ，新たな気づきや自分だけの「物語」と向き合えるようにします。

(5) 事例9から広がる考え方・発想

子どもは草花を使って遊ぶことが大好きです。写真7-27はホウセンカの花を採って色水遊びをしているところです。パンジーやビオラも鮮やかな色が出ます。玉ねぎの皮を煮るととても濃い色がとれます。子どもの生活の過程にある植物の環境で，何ができるのか調べておくことも教材研究として大切です。

(6) 事例9から深まる考え方・発想

豆を収穫すればカラカラに乾かして容器に入れ楽器を作ったり，草花の色水で紙染め・布染めをするのも楽しめます。そんな子どもの思いに応えるためにも環境や準備は大切です。容器の形・大きさ・質によって豆の音は変わります。

また，色の定着にどんな紙がいいのか・布を染めるのに何を混ぜれば着色が安定するのか，子どもと行う前にどのようになるのか試してみましょう。

6．ディスカッション

事例9について話し合い，自分が保育を実践する視点でまとめてみましょう

(永渕泰一郎)

8節　虫や小動物と

事例10：虫たちとのかかわり（4歳児組）

写真7-28　夏から秋へ、虫取りに熱中する子どもたち

写真7-29　ブロッコリーの葉についていた青虫

　1学期、子どもたちはアリやダンゴムシなどの虫に夢中になって、何匹も捕まえました。しかし、捕まえてもそのまま虫かごに入れておくだけなので、すぐに死んでしまいます。紙芝居や図鑑などを保育者が一緒に見て、飼う環境を整えようとしますが、子どもたちの一番の関心はとにかく捕まえることでした。

　2学期に入りオオカマキリを発見し、クラスで飼いたいという子どもたちの熱い思いから飼育がスタートしました。「カマキリは生きた餌しか食べないんだよ」という一人の言葉から、カマキリのエサ探し（虫探し）が始まり、それが毎朝の日課になっていきました。子どもたち同士で図鑑の飼育方法などを見て「固い殻の虫は食べないんだって」「もっと葉っぱを入れないとだめだ」など、飼育することに意識が向いていきました。

　捕まえた餌をカマキリが捕食する姿を目の当たりにした子どもたちは、その光景に衝撃を受け、"生きること"を考えるきっかけになったようです。その後、カマキリの産卵を発見し、赤ちゃんカマキリが卵から孵（かえ）るのを楽しみにする気持ちが強くなり、クラス全体の関心事となりました。

写真7-30　ダンゴムシを描いたよ！（4歳児）

1．事例10について自分の考えをまとめよう

✎ 注目したところ

✎ 疑問点、質問したいこと

2．事例10をとらえる視点

　幼かったころ昆虫採集に夢中になった人もいることでしょう。虫を捕まえることの何がこんなに子どもたちの心を惹きつけるのでしょう。

　子どもたちは石をどかしたり，土を掘ってダンゴムシを探します。蝶やセミを追って雑草の中を捜しまわったり，セミの鳴き声がする木に登ろうとします。そして手のひらにのせたダンゴムシが，触ると丸くなる姿に驚きます。このように自然と直接触れ合う体験は，子どもたちの視覚や触覚，嗅覚，聴覚などの感覚を通して好奇心をかきたてます。1学期の子どもたちはまさに五感を通した好奇心に突き動かされて虫に夢中になっている様子です。保育者が飼う環境を整えようとしても，子どもたちの気持ちは虫を捕まえることに向かっています。しかし，2学期にオオカマキリを飼いたいという気持ちになった時，好奇心からの虫探しは，クラスで飼うカマキリのための"真剣なエサ探し"に変わりました。「カマキリは何を食べるのかな」「葉っぱが少ないのかな」などの疑問が出てきます。好奇心が探究心へと成長した姿ともいえるでしょう。捕まえた餌をカマキリが捕食する姿や，カマキリの産卵を通して"生きること"に気づいていく子どもたち。虫や小動物とのかかわりだからこその驚き，感激といえるでしょう。

写真7-31 カマキリの産卵

(1) 子ども一人一人の表現，気持ちをくみ取る

　虫を探しながら子どもが体験していること，感じていることを把握することが大切です。中には虫を怖がったり嫌がる子もいるので，一人一人の様子をしっかりとらえる必要があります。五感を通して感じたことが豊かな表現となるには，心動かされる豊かなかかわりが必要な点に目を向けましょう。

(2) さまざまな援助（保育者のかかわり）

　飼育しやすい環境や，図鑑などを用意して子ども自身の興味や関心に応じてかかわれる配慮が必要です。保育者自身が虫の生態について興味をもって，子どもと一緒に楽しんでかかわることも大切です。

3．ディスカッション

事例10について話し合い，自分が保育を実践する視点でまとめてみましょう

事例11：モルモットとの生活を通して

年度末の3月に，年長児から年中児へモルモットの世話を引き継ぎました。

7月にダンボールカッターを使い始めると，数人がモルモットの家作りに熱中するようになりました。掃除の間はその家にモルモットを入れるようになりました。10月下旬から年長組3クラス全体で家作りにかかわり，初めは半畳程だったものが2畳程の大きさになりました。すべり台やテレビ，お風呂，迷路などを作り，3クラスのモルモットを一緒に入れるようになりました。モルモットが迷路に入るように無理にお尻を押したり，すべり台を滑らせる姿も出てきました。担任は「いつも隅っこの方にじっとしているね」と話しかけました。子どもたちから「怖いのかな」という声があがり，クラスの話題になりました。「ちわわは，迷路好きじゃないと思う」「やっぱり自分のうち（飼育箱）がいいのかもね」というクラスの話題になりました。その後，モルモットに話しかける機会が増え，避難訓練では，誰がモルモットを連れて行くのかという話題になり，愛玩という段階をこえて共生へ一歩近づけたと考えられます。

写真7-32　年長児が作ったモルモットの遊び場

写真7-33　ウサギの世話をする年中児

写真7-34　年中児にウサギの抱き方を教える年長児

4．事例11について自分の考えをまとめよう

📝 注目したところ

📝 疑問点，質問したいこと

5．事例11をとらえる視点

　モルモットのために作ったダンボールの迷路やすべり台ですが，無理に遊ばせようとする姿に，担任は禁止したり指示するのではなく，子ども自身がモルモットの様子に気づくように話しかけました。気づきを促す形だったので，子どもたちの気持ちがモルモットから遠ざかるのではないかという心配も生じますが，子どもたちがモルモットのことを思い，居心地のよい場所を考え発言する過程を大切にして見守りました。

　そのため，これをきっかけに，愛玩という段階をこえて，クラスの一員としてとらえる共生の視点が育ったと考えられます。

(1) 事例11から深まる考え方・発想：こんな考え方も

　この園では以前からウサギやハムスターなどを飼ってはいましたが，死んでもすぐリセットできる「たまごっち」を楽しむ子どもたちの姿を目にして，獣医さんと連携して動物飼育に力を入れることにしました。獣医さんからモルモットの生態や飼育方法をお話してもらいました。

　「どうしてモルモットは，いつも走り回っているの？」という質問への「怖がっているんだよ」という獣医さんの答えはショックでした。その2日後，保育室の移動時にモルモットも移動すると直後に一匹が下痢をしました。すぐに「ちわわちゃん（モルモット）がびっくりするからどたばたしないでね。げりになっちゃうから」と書いた紙をたくさん貼りました。

　モルモットが下痢をした場面では，心配し思いやって，周囲の人だけでなく全体に呼びかける5歳児の姿が現れています。

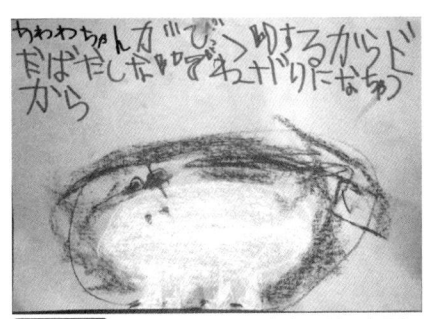

写真7-35　「ちわわちゃんがびっくりするからどたばたしないでね　げりになっちゃうから」

写真7-36　お墓の中のサクラ（ハムスターの死を経験しました）

6．ディスカッション

✏️ 事例11について話し合い，自分が保育を実践する視点でまとめてみましょう

（伊藤裕子・山田美由紀）

コラム④ 「一人一人違うという良さを，みんなと認める援助とは」

それぞれの"内的循環"が働くことで…

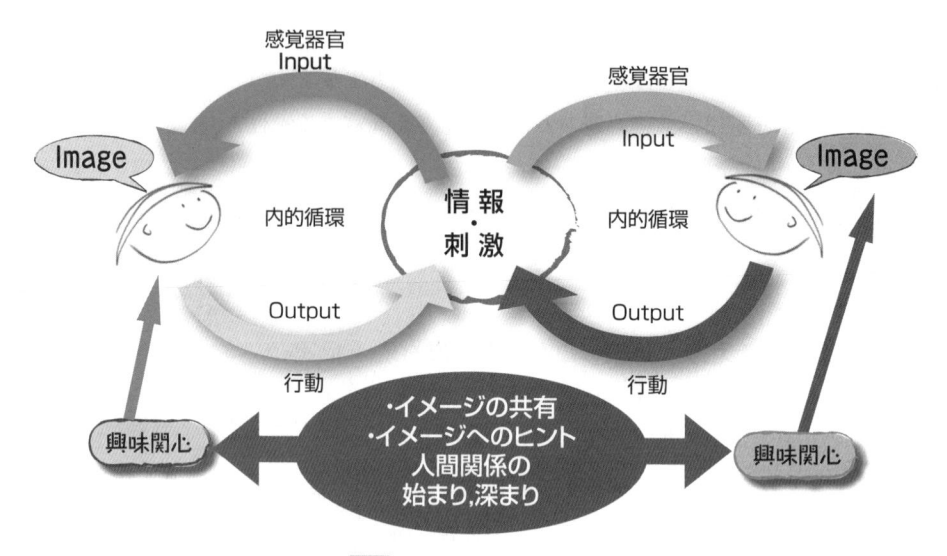

図6 内的循環の働き

　子どもの興味・関心，内的循環は一人一人違いますが，クラス全体となると共通した興味・関心であったり，似たような内的循環の動きをする子どもたちもいます。A君は黙々と取り組むタイプ，B君は活動的なタイプ，こうしたタイプが違う子どもたちの集団がクラスとなるので，**保育計画は大切**になってきます。A君の内的循環を察知し，B君のもCちゃんのも，クラス全体の子どもたちを察知して，望ましい保育の展開を図ることが求められています。どのような子どもたちに育ってほしいか，今必要なことは何かなど，原点に立って保育者は考えます。つまり，「**保育者の願い**」を**具現化**しなくてはなりません。そうした時こそ造形を通した（手段とした）保育は有効となってきます。望ましい保育環境として"もの"環境を工夫することです。

　ある年長のクラスで，新学期のザワつきがやっとおさまりかけましたが，子ども同士の遊びが今一つ盛り上がりません。友だち関係の広がりも同様です。そこで新しい素材（コーンスターチ＝トウモロコシでできた緩衝材）を提供してみることにしました。接着も変形も着色も特殊な技法は使わないで，しかも集中しないと思い通りにならない素材です。友だちとの関係も広げられることを願って，素材の置き方も工夫してみました。小さな箱（40cm×25cmくらい）にコーンスターチを入れて子どもたちに見せました。大量に見せると，ばらまくなど発散的な行動になりそうだと思えたからです。

　触ったりにおいを嗅いだり，手を突っ込んで温かさを味わう子どももいました。トウモロコシでできていること，水でくっつくこと，紙にも付くこと，ハサミで切れることなどを伝えながら子どもたちと試してみました。

子どもたちは保育者の予想通り集中して取り組み始め，小箱に入れた材料はたちまち無くなり「おかわり！」の連続でした。切り方も並べ方も工夫し始め，友だちの様子を刺激として，さまざまな立体が出現しました。

　作りながらの内的循環は，新しい組み合わせにも発揮されハート型をたくさん並べていました。どんどんつなげて巨大な塊になる子ども，どうしても屋根つきの家にしたいとがんばる子ども，それを支えて持っている子ども，共同作業が自然に発生していきました。また，「箱にもくっつくよ」と得意になって見せて歩く子ども，それに刺激されてヨーグルトの容器にも付くことを発見した子ども，その子どもたちを中心に動物村ができ始めました。その動物村に刺激されて「キリンをつくる」と言い出したＡ君がいました。

　黙々と作業を続け，４本足でしっかりと立ち，首も胴も安定したキリンの誕生です。近くにいた友だち数人は「かっこいい」の連発で，Ａ君もうれしそうでした。そうしたやり取りを逃さなかった担任は，お帰りの会の時，一人ずつ作ったものを見せながら，みんなに話をしてもらうことにしたのです。

　このような試みは，年長の子どもたちの興味・関心を高めることにもなり，明日の活動の準備にもつながっていきました。また，動物村づくりも継続していったと報告を聞きました。こうした保育は作品作りではなく，保育そのものです。**保育の願いを達成する手段**としての造形活動は重要です。

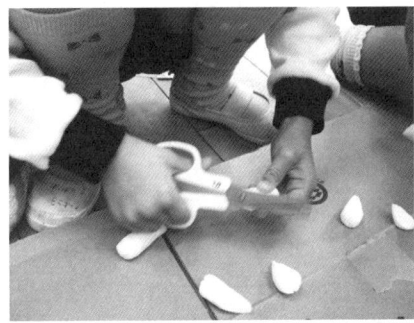

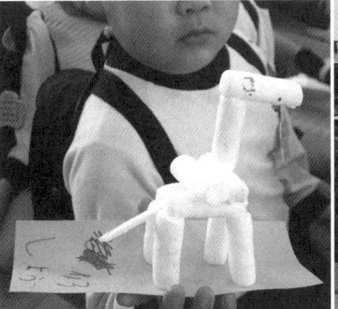

（平田智久）

考えてみよう 3　ハサミとのかかわりから見えてくる子どもの姿Ⅰ
－造形発達の目安－

　身近な子どもに接したり，実習や作品展の後などにこのページをコピーして，切る動作を通して子どもたちの姿や気持ちを考えてみましょう。

「あなたが見た子どもとハサミのかかわりは？」

☑ あなたが見た子どもとハサミのかかわりに印をつけましょう。
☑ 子どもの姿やあなたの感じたこと，考えたことを記入しましょう。
☑ 他にも印象に残ったことがあったら，写真やメモ，実物などを加えましょう。

記入日　　．　　．

🖉 子どもの姿　🖉 あなたの感じたこと　🖉 考えたこと

☐・切り込みを入れる

記入日　　．　　．

🖉 子どもの姿　🖉 あなたの感じたこと　🖉 考えたこと

☐・切り落とす

記入日　　．　　．

🖉 子どもの姿　🖉 あなたの感じたこと　🖉 考えたこと

☐・切り進む
　・立体は切れない

7章　イメージを広げる工夫

	記入日　　　　．　　　．

☐ ・途中でとめられる
　・多少厚くても切れる

✏️子どもの姿　✏️あなたの感じたこと　✏️考えたこと

記入日　　　　．　　　．

☐ ・立体をこわす

✏️子どもの姿　✏️あなたの感じたこと　✏️考えたこと

記入日　　　　．　　　．

☐ ・紙を自由に動かして切る

✏️子どもの姿　✏️あなたの感じたこと　✏️考えたこと

記入日　　　　．　　　．

☐ ・筒に穴をあけ，そこから切る

✏️子どもの姿　✏️あなたの感じたこと　✏️考えたこと

考えてみよう 4　ハサミとのかかわりから見えてくる子どもの姿 II
―造形発達の目安―

身近な子どもに接したり，実習や作品展の後などにこのページをコピーして，切る活動を通して子どもたちの姿や気持ちを考えてみましょう。

「あなたが見た子どもとハサミのかかわりは？」

☑ あなたが見た姿に印をつけましょう。
☑ 子どもの姿やあなたの感じたこと，考えたことを記入しましょう。
☑ 他にも印象に残ったことがあったら，写真やメモ，切った紙などを加えましょう。

(1) 安全な取り扱いの姿は？
　□ ハサミを渡すときは柄を相手の方へ向ける
　□ 使った後はケースにしまう

記入日　　　．　　　．

✎子どもの姿　　✎あなたの感じたこと　　✎考えたこと

_____
_____

(2) ハサミの扱いに困っていたのは？
　□ 刃先を自分の方（内側）に向けて切るので切りづらい
　□ ハサミを斜めにして持つので切りづらい
　□ 柄の奥まで指を入れるので切りづらい

記入日　　　．　　　．

✎子どもの姿　　✎あなたの感じたこと　　✎考えたこと

_____
_____

(3) 危険な取り扱いは？
　□ ハサミを持ってふざけたり，振り回す
　□ 片づけずに放置する
　□ 刃を握って持つ

記入日　　　．　　　．

✎子どもの姿　　✎あなたの感じたこと　　✎考えたこと

_____
_____

※ハサミは手指の開閉によって2枚の刃をすり合わせて切る仕組みになっています。ジャンケンのグー・チョキ・パーなどの遊びを通して身につけた手指の開閉が，ハサミのとのかかわりにも役立っています。

(4) 子どもが使っていたハサミは？　　　　　　記入日　　　．　　．

☐ ハサミの先端が両方とも丸い
☐ ハサミの先端が片方尖っている　　　　　　使っていた子どもは？　　　　歳
☐ ハサミの先端が両方とも尖っている

・子どものハサミを下のマス目にのせて輪郭を描き，気づいたことを記入しましょう。

8章 社会事象と造形

1節 地域での出会い・体験・連携

事例1：世代交流を通して

　定期的に交流を行っている近所の老人会から手作りのお手玉をプレゼントしてもらい，園に持ち帰って遊んでいたのですが，ある日縫い目がほころび，中から小豆がこぼれ落ちました。

　「あっ，何これ」「シャリシャリが出てきた」「お豆だ」という子どもたちの言葉に混じって，A男（4歳6か月）の「違うよ，豆は黄色いよ」という声も聞こえました。どうやら節分の豆を思い浮かべたようです。

　そこで保育者が小豆について説明し，あんパンやおしるこの材料だと教えると，「食べたい」「作りたい」と盛り上がってきました。そこで，その次の交流時には子どもたちがおはぎを作ってお年寄りの方にプレゼントすることにしました。たくさんの小豆を目の前にして，子どもたちは「ピカピカ」「ビーズみたい」と手触りや音を楽しみました。

　餅米をついて丸める作業も粘土遊びのようで楽しく，お年寄りには「お手玉がおはぎに化けたなあ」「わらしべ長者になったようだ」と面白がられ，楽しい展開となりました。

補足

地域交流のいろいろ

① 園内行事
　　運動会
　　バザー
　　親子キャンプ
　　生活発表会
　　クリスマス会
② 地域の行事
　　お祭り
　　イベント
③ その他
　　学校や施設

知識を深めるための参考文献

・杉山千佳 編『行動別保育のアイディアシリーズ⑨ いま，なぜ？地域交流Part1』フレーベル館，2007年
・杉山千佳 編『行動別保育のアイディアシリーズ⑩ 園行事で楽しむ地域交流Part2』フレーベル館，2008年

1．事例1について自分の考えをまとめよう

注目したところ

疑問点，質問したいこと

2．事例1をとらえる視点

(1) 事例1から考える：日常的な交流の大切さ

家族の単位が小さくなった現代社会において、世代間の交流が継続的に行われるのは大きな意味があります。単発で注目されがちな「文化の伝承」ばかりでなく、日常的なかかわりをしやすくなるからです。

大がかりなイベントに参加するばかりでなく、園内の行事に地域の人たちを招待する、保護者のネットワークを利用するなど、身近な所に地域交流のヒントはたくさんあるといえるでしょう。

(2) 事例1から読み取る：さまざまな援助とは

地域交流ではさまざまな人とかかわることになります。そこには子どもの思いだけでなく、地域の人々の思いも込められています。保育者として、地域の中で子育てするという意識をもち、それを外に向けて発信する姿勢をもつことはとても大切です。

> **補足**
> 親子交流プロジェクトとして造形を取り入れる例は多くあります。
> 野外で集めた自然物をその場で組み合わせてオブジェを作ったり、大きな紙や板にぬたくりをするなど、保護者の力を取り入れてダイナミックな活動ができます。

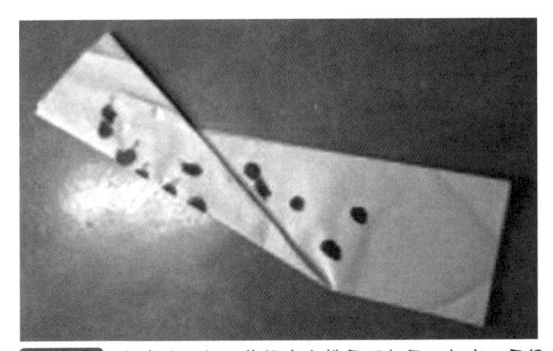

写真8-1　七夕まつりで作り方を教えてもらったきゅうり（3歳）

写真8-2　ハロウィンパーティの案内状（6歳2か月）

3．ディスカッション

✎事例1について話し合い、自分が保育を実践する視点でまとめてみましょう

事例2：列車見学

　街の中心地にあるこの保育園では，駅の構内に子どもたちの作品を展示してもらったり，6月の花の日に花束を持って駅員さんにプレゼントするなど，年間を通して交流しています。年長になると園外保育で列車に乗るため，その日が近くなるにつれ，遊びの中にも「汽車ごっこ」が取り入れられていきました。

　ダンボールに入って運転士になったB男（5歳8か月）は，新聞紙を筒型にしてドーナツ状に丸め，ビニールテープを巻いてハンドルにしました。「つり皮がいる」と言ったC男（5歳7か月）は，吊すための天井がないので困っていましたが，友だちと協力して紙管やダンボールを組み合わせて天井を作り，つり皮を吊すことに成功しました。

　最初は，ただダンボールの中に入って座っていた列車が，床を抜いて筒状にした中に入って持って歩くものや，据え置きでデザイン的に凝ったものなどいろいろなタイプが登場しました。女の子はどちらかというと列車そのものより，旅行に持っていくお弁当を作るのに熱心でした。

　列車に乗っている時はトンネルのたびに歓声が上がりました。「トンネルー」「暗いー」「夜だ」と言い，トンネルのたびに寝たふりをして，出ると「朝！」と言って目を覚まして楽しんでいました。

　見学を終えて園に帰ったE子（5歳10か月）は「汽車と汽車の間がびよびよしてたよ。みんな，おっとっとーって言いながら歩いたよ。ぐらぐらするけど，落ちないよ。ちゃんと板があるもん」と言いながら列車の絵を描きました。

　園外保育の前に描いた絵は，玩具や絵本でよく見受けられるような列車同士が一本の線でつながった形で描かれていますが，列車に乗った後の連結部分の絵は，本物の姿に沿ったアコーディオンのような形状で描かれています（写真8-3，8-4参照）。

写真8-3　列車に乗る前に描いた絵（5歳10か月）

写真8-4　列車に乗った後に描いた絵（5歳10か月）

4．事例2について自分の考えをまとめよう

✎ 注目したところ

_____

_____

✎ 疑問点，質問したいこと

_____

_____

5．事例2をとらえる視点

(1) 事例2から読み取る：子どもの想いとは

　園外に出て交流することは，子どもたちにとって大きな刺激です。このような体験を計画する場合，ともすると見学後に「列車の絵を描こう」などと設定しがちですが，どちらかというと行く前の方が期待感にあふれ，ごっこ遊びも熱が入っていたようです。この園では，それまで列車を見たことはあっても乗ったことがない子どもが半数いましたが，図鑑などを見ながら複雑な計器を作ったり，トンネルや鉄橋のイメージをふくらませたりしていました。実際の見学中は，「ドア，自動ドアだよな」「ほら，やっぱり」「窓，開かないよな」「知ってるもん」といったように，それまでに得た知識を確認するような姿が見られました。

(2) 事例2から読み取る：子どもたちのものの見方の変化

　見学の体験は，E子の事例のようにそれまで絵本やテレビ・玩具の中でなんとなく作られていたイメージが本物と異なることを発見し，概念的ではなく観察して発見するよいきっかけにもなります。

6．ディスカッション

✎ 事例2について話し合い，自分が保育を実践する視点でまとめてみましょう

_____

_____

補足

アートプロジェクト
　地域交流での造形活動の例として近年よく見られるのが，美術館や自治体が連携して企画するアート・プロジェクトです。一過性のものも多いですが，継続して行い，取り組みが地域全体に広がっているものもみられます。
　プロのアーティストによるワークショップや，街全体をアートで彩るなど，園内だけでは取り組むことのできないスケールの大きなものも体験でき，アートを通して子どもたちが成長するよい機会となっています。

知識を深めるための **参考文献**

・磯部錦司著『自然・子ども・アート　いのちとの会話』フレーベル館，2007年

（宮﨑百合）

2節　子どもとつくる行事

事例3：でかのぼりを育てよう

　大きな台紙（でかのぼり）に小さな鯉のぼり（ちびのぼり）を貼ってもらう遊びです。バリエーション豊富な色彩のちびのぼりをたくさん作っておきます。すべてのちびのぼりの裏面に両面テープを貼ります。でかのぼりを壁に固定し，好きなちびのぼりを自由に貼ってもらいます。でかのぼりが，さまざまな表情のちびのぼりでぎっしり埋まったら完成です。

　①選ぶ→②はがす→③ゴミを捨てる→④位置決めをする→⑤貼るという活動は，未就学児からでも参加できるはずです。子どもの様子をじっくり観察し，ゆったりとした指導を目指しましょう。

補足

始めるまえに

　子どもが手に取りやすい大きさを身近なもので測定して探ってみましょう。いつも「上手につくろう」という気持ちに縛られていませんか？

　利き手と逆で描いてみるなど，楽しく制作できる環境をつくりましょう。

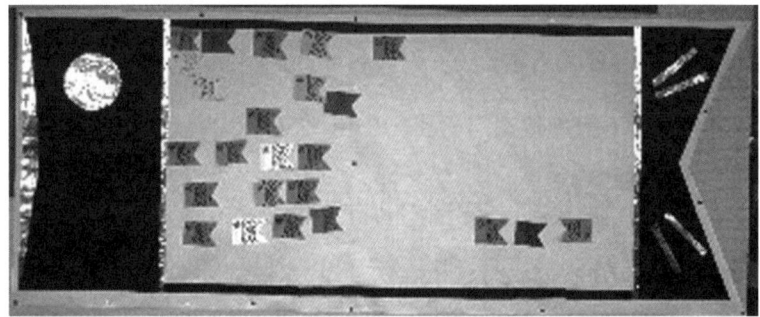

写真8-5　でかのぼりにちびのぼりが貼られていきます

イラスト8-1　魚の顔の表情（絵：川合涼生，京太）

1．事例3について自分の考えをまとめよう

　注目したところ

　疑問点，質問したいこと

2．事例3をとらえる視点

(1) 自由な表現

男子は青，女子は赤といった固定観念を，子どもの心の中にうえつけてしまうと，子どもはなかなかその粋から脱する選択をしません。幅広い色調を用意し，自由に選んでいいことを伝えてあげてください。リアルさを追求するのではなく，ちびのぼりを描く子どもからは心通う表情をたくさん引き出してあげてください。

保育者が予想できない表現を楽しむ子どもの心を個性として柔軟に受け止めてあげましょう。

(2) 子どもの道徳

自分のちびのぼりを育てようとする子どもの目は真剣です。そして，子どもは活動を楽しむために気配りを欠かしません。

イラスト8-2　貼り付ける子ども

(3) まわりの責任

保護者は，愛しい子の姿を写真やビデオに撮ろうとします。自然な笑顔を演出できるといいですね。カメラを意識させない雰囲気づくりを模索するのも面白いでしょう。子どもが楽しく活動できる環境では，予期せぬ出来事が潜んでいることがあります。状況をよく把握して，適切な対応を心がけましょう。

行事終了後の報告会などにおいていろいろな体験を発表し合い，意見を聞くことは，子どもとの表現活動の充実・発展につながることでしょう。

写真8-6　貼り付ける際の補助も大切です

3．ディスカッション

事例3について話し合い，自分が保育を実践する視点でまとめてみましょう

事例4：頭にかぶってひな人形

色画用紙で作ったひな人形を帯状の台紙に貼りつけ，頭にかぶって遊びます。
　お内裏様とおひな様を着物，顔，頭髪，髪飾り，冠に分けて制作します。扇や菱餅などの周辺パーツも同様に制作します。長方形の台紙（頭に巻ける程度の長さ）に組み立てたひな人形を貼り付けます。頭の大きさによって伸び縮みするように，両端を輪ゴムでつなぎ筒状にします。作品の安全確認をして，糊が完全に乾いたら完成です。

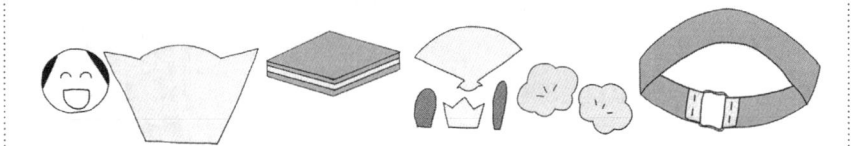

イラスト8-3　パーツ絵

① 事前に調べる
　ひな祭りをはじめとする日本古来の伝統文化は，季節のうつろいと共に訪れます。保育者は，その歴史を知ったり，季節を感じることができるように素材に手を加えながら，子どもに伝える楽しみを味わってください。本物を一緒に観察することも大切です。

イラスト8-4　古代のひな人形

② 準備から制作
　参加人数より多めにパーツを作ります。扇や菱餅など装飾的なものを子どもと一緒に制作できれば，発想力向上に期待がもてます。頭にかぶるものですから，留めたホッチキスの先端処理，輪ゴムのねじれなど，安全対策を十分に行ってください。

イラスト8-5　ホッチキスの処理

4．事例4について自分の考えをまとめよう

✎ 注目したところ

疑問点，質問したいこと

5．事例4とらえる視点

(1) 指導ポイント

進行役の保育者は，活動の遅い子どもを見るとマンツーマンの指導になってしまいがちです。常に全体を見わたしながら進行できるように，心がけましょう。

(2) できた！！

完成した作品を頭にかぶった，誇らしげでちょっと恥ずかしそうな子どもの姿は微笑ましいものです。作品をよく見て心からの言葉をかけてあげてください。

また，これはかぶるだけではなく，身近な場所に置いて楽しむこともできます。多くの人が見て話題になるたびに，作品を制作した子どもは喜びます。その満足そうな顔は達成感の証であり，さらなる表現意欲につながるでしょう。

写真8-7 制作の様子

写真8-8 完成して喜ぶ様子

6．ディスカッション

事例4について話し合い，自分が保育を実践する視点でまとめてみましょう

（福岡龍太）

3節　子どもとつくるプレゼント

知識を深めるための 参考文献
- ドローシー・アイノン著『クリエイティブ・チャイルド・子どもは創造力にあふれている』風濤社，2006年
- ローエンフェルド著『子どもの絵』白揚社，1956年

　工作は，人間に与えられた最も優れている能力です。創造能力や，コミュニケーション力も見逃せません。人は誕生からすぐに，自分の意思を伝える努力を惜しみなく発揮します。そういった意思伝達は，落書きから描画へ，また道具やおもちゃ遊びといった形で遊びの中からも，言葉以上に早く芽生えてきます。プレゼント行為は，コミュニケーションでもあります。テーマに沿っていくつか季節行事の視点も入れて，作品例から考えてみましょう。

事例5：季節行事のプレゼント

① お面，かぶり物

　お面は，子どもの気持ちを変える変身用具です。張り子は，伝統的で少し古い時代の香りもします。パッケージなどの廃棄物を転用する作例と，紙の土台の基本形から作る張り子の工作です。

　頭上のかぶり物は，お互いの頭部にツノなど特徴的な物を見ることで，子どもの意識が変わります。お遊戯会や節分に限らず，日常のごっこ遊びのなかで生かされるでしょう。絵皿も同様に張り子の手法です。少し欠けたお皿やトレー，空き瓶は廃品を使用します。重みがあり形もしっかりしていますので，絵皿の中に自由画を描けば，斬新な作品として新たな命が誕生します。

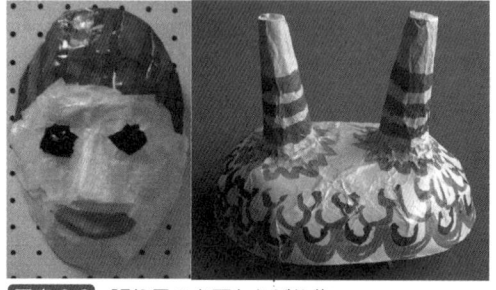

写真8-9　張り子のお面とかぶり物

② 花かご，額縁

　母の日や敬老の日，卒園，入園といった行事，式のプレゼントでの，紙パイプを使って壁花瓶にもなる花かご，額縁などの作例です。紙パイプの作例では網かごはよく知られていますが，編むという行為は子どもの参加は難しいので，紙のベースに張り付ける手法にします。紙パイプは竹串に広告紙を角から巻きつけて，巻き終わりの端を糊づけします。竹串より長く使える竹ひごは40～50cmの長さが使いやすいです。

　クリスマスや誕生日のカードのプレゼントにメッセージに加えて，若干仕掛けを取り入れるといっそう面白くなります。ペーパークラフトは，机上の飾りとして部屋にあたたかみのある変化をもたらします。

　昨今，私たちの周辺には物があふれています。あふれていることを問題視するのではなく，物をうまく応用，利用を考えたいものです。このことは豊かさの象徴でもあります。その物を作り出してきたのは，私たち人類の知恵なのです。人類は道具や物を使って，進歩・発展してきました。創作を通して物を大切に扱うことを学び，将来につなげたいものです。

写真8-10　紙パイプの花かご

1. 事例5について自分の考えをまとめよう

✎ 注目したところ

_____

_____

✎ 疑問点，質問したいこと

_____

_____

2. 事例5をとらえる視点

(1) 絵 皿

　自由な絵画は，子どもの気持ちをストレートに表現する機会です。そこに絵を描くチャンス，それも絵皿やお面のように普段と違った形の描画の機会は，子どもの目にも新鮮な素材として感じられます。絵皿の裏側に，掛金または直接紐を貼り付けておきます。プレゼントで贈ってすぐに壁に飾ってもらえると，子どもにはいっそう励みになります。絵皿に紙を張り重ねることは子どもと一緒にできます。和紙は特に優れた素材ですが，印刷用紙を使ってもかまいません。

写真8-11　プラスチックトレーに張り子の絵皿（4歳男児）

　いずれも手でちぎって，紙の縁に毛足を出した状態で使いましょう。仕上げに水性ニス，クリアラッカーの塗装をするととても見栄えが良くなります。大人の援助を必要とするところです。

(2) お面，被り物

　子ども同士でプレゼント交換を考え，変身の気分を楽しみます。身につけるものは色より形が先になりますから，子どもは未完成の紙の土台のまま，まず被って遊びます。遊びの中で色づけをし，徐々に完成させてもよいでしょう。張り子の手法で，「こうやると徐々に形ができてくるよ」という制作過程で，辛抱させることもあるで

写真8-12　お面をかぶって変身

知識を深めるための **参考文献**

・大野元明著『絵でわかる伸びる子どもの秘密』実業之日本社，1980年
・藤山はるみ著『エコな手作り雑貨』NHK出版，2010年
・学研編集部編『ピコロのわくわくリサイクル1, 2』学研，2005年

しょう。張り子には乾燥の時間が必要なので，時間の配分に気をつけましょう。次に，赤鬼や青鬼といったお話や動物の世界の体験から，具体的な色模様のイメージを描いて工作を完成させます。絵具やマジックで描く方法のほか，色紙を併用するなどの援助の工夫も必要です。整った線が欲しいとか，濁らない鮮やかな色面，また金・銀の色が欲しい時に色紙は有効です。色紙の併用では，子どもと色探しを楽しむコミュニケーションも欲しいところです。

（3） 封筒クラフト

遊びながら制作感覚を身につけることは，発想を豊かにし創造力もたくましくさせます。封筒は大きなものや大型の紙レジ袋を使って形を作り，袋を重ねて大きくしたりすることでも，子どもの意欲や感覚も変わってきます。子どものもっている自由な発想が芽生えます。紙袋は柔らかいので，中に新聞紙などを丸めて入れておくと形を整えやすいでしょう。形を変えながら，子ども自身もイメージが変化していく楽しい工作になります。補助的に必要な形は，外から切り貼りすることも可能です。水彩絵の具やマジックインキなどで，自由に着彩ができます。着色には絵の具などのほか，色紙も使えます。形にとらわれることなく，自由な発想で子どものイメージを尊重しましょう。

写真8-13　封筒クラフト

（4） 子どもの絵と額縁

子どもの絵画を入れた額縁プレゼントは，言葉以上に印象に残るでしょう。額縁に入った絵は，感謝，お祝いの気持ちなどの表現ができます。それぞれの年齢に相応しい自由画は，子どもの時にしか描かれないもので，貴重な時間を切り取ったと考えるとありがたさも増します。同じような絵を描いているようでも，わずかな変化を読み取る心は身につけたいものです。

額縁の制作では，ベースの厚紙に接着剤を塗り紙パイプをのせる準備を援助してあげれば，子どもも直接参加できます。絵画に額縁が加わることで一段と見栄えも良くなります。壁に絵を飾られることで，子どもにはいっそう励みになります。

写真8-14　紙パイプの額縁と子どもの絵（6歳女児）

（4） 紙パイプの花瓶，花かご

材料の基本的加工は大人の援助を必要とします。パイプをつないで伸ばしてみせると，子どもは驚きの反応をみせます。紙パイプは事前に，必要と思われる量

より多く準備をします。多少の準備時間を必要としますが、これらは保護者にも協力を仰ぎ和気あいあいと準備するのも方法の一つです。ちなみに紙パイプに使用する紙は、新聞の折り込み広告（廃物利用）を使用します。色面をそのまま使ったり白い面を使うこともできます。折る、曲げる、つないで長く伸ばすなどにより、思わぬ発想を展開させてくれます。子どもには接着を援助すれば、意外な展開と豊かな作品に出会えます。簡単な編みの方法をやってみせると、線が面になることから形遊びにつながります。プレゼント作品としてまとめるには、紙のベースに糊づけで平面を作り構成していきます。

知識を深めるための 参考文献
- 西山廣子著『広告チラシで作るあんでるせん手芸』ブティック社，2010年
- 『エコクラフトで作る北欧テイストのかご』ブティック社，2010年

(6) 紙筒で伸び伸び鯉

紙筒は外枠から徐々に内側でも，外側でも組み立ての方向は自由です。トイレットペーパーの芯など，既製の物は内側に作っていきます。紙筒の組み合わせは，多少大人の手が必要です。マジックインクなどで，着色します。着色は曲面ですから思うように描けないものです。しかし，子どもの力量と感覚を大切に，描くのを見守りましょう。

写真 8-15　伸び伸び鯉

(7) 開けば立体カード

誕生日プレゼントやクリスマスカードとして，工夫することを考えてみます。ペーパークラフトは，一つのヒントで創作の世界が広がりますので，初めに難しく考えないで後の応用と展開は，作りながら考えるようにしましょう。顔の作例は，怖い，やさしい，面白い，強い，弱いなど顔の表情はさまざまです。切り込みの角度や折り方の工夫で，さまざまな表情の変化形が生まれます。また，切り込みの援助で子どもとクラフト遊びが楽しめます。

写真 8-16　開けば立体カード

3．ディスカッション

事例5について話し合い，自分が保育を実践する視点でまとめてみましょう

知識を深めるための 参考文献
- 高山正喜久著『立体構成の基礎』美術出版社，1993年
- 斉藤一著『ペーパー・スカルプチュア―紙の彫刻―作図と展開―』ダヴィッド社，1977年

（古賀隆一）

4節　ワークショップ

　保育者を目指すみなさんは，工作活動は好きですか？　自分は上手ではないから，好きではないとか，作品を見るだけだったら好きという方もいるでしょう。
　本節では，保育者を目指す大学生が，学校以外の施設（公民館，科学館，ショッピングセンター，美術館など）において，工作のお店屋さん（ワークショップ）を開き，親子や地域のみなさんと「ものつくり」を通した触れ合いから，作品だけではなく，楽しかった出来事をつくる「ことつくり」の様子を紹介します。

写真8-17　道で出会った親子に声をかける
写真8-18　親子に作り方の説明をする 
写真8-19　作った作品で一緒に遊ぶ 

用語解説

ワークショップ

　この言葉から，「工房」や「作業場」を思い浮かべますが，近年，子どもの学びと創造の場としての「ワークショップ」が注目されています。ここでは，作る楽しさにとどまらず，援助者が励ましほめることで，参加者の自己有能感を育てることを目的とします。美術館や科学館のような公共施設においても，子どもたちの創造力・表現力を刺激する，独自性のある優れた取り組みが展開されています。

事例6：親子でつくる工作ワークショップ

　ワークショップの制作内容は年齢や嗜好だけではなく，自分一人ではできないけれども，一か所だけ手伝ってもらったら完成するというような，活動の抵抗性（難しさ）の高いものをテーマに選びます。また，工作のお店屋さんでは，あらかじめハガキなどで案内したりするだけではなく，道で出会った親子に勇気を出して声をかけ，工作遊びに誘ったりします（写真8-17）。時間がなく，保護者からは断られることもありますが，子どもが「ほしい」「作りたい」「やってみたい」という様子から，時間をおいてワークショップに再び来店してくれることもあります。

1．事例6について自分の考えをまとめよう

📝 注目したところ

📝 疑問点，質問したいこと

2．事例6をとらえる視点

　保育者になるみなさんは、これまでに造形活動における自分自身の成功体験やほめられた体験の有無にかかわらず、子どもたちが作品を作る態度や作品の良いところを即座（3秒以内）に見つけ、心を込めて助言をしていますか。たとえ未完成な作品であっても、保育者が気持ちを込めてよい表現部分を伝えると、子どもたちは作品を通して人と伝え合う楽しさを味わうことができます。

　ワークショップとは、ものを作ることに加えて、参加する、認めてもらう、伝え合うという、人との出会いをつないでいく場です。参加した親同士が、子どもの制作を見守りながら子育ての話を共有したり、ワークショップで再会する約束をしたりする様子は、まさに「関係性をつないでいく場」といえるでしょう。

　このように、初対面の参加者にも勇気をもって工作を通して楽しい経験を提供していくことや、失敗したといって悲しい気持ちになっている子どもに声かけをし、人を前向きな気持ちにさせる能力を**コンピテンシー**といいます。これは、知識が豊富で手際がよくて、何でも上手に作れる人のことではありません。子どもの心の様子を察し、寄り添いながら、作ってみようという気持ちを起こさせるような助言や援助ができる人のことです。

　保育者は自らが学んだ工作の経験を生かして、その楽しさを子どもたちに提供します。工作活動は、保育実践現場における子どもや保育者の「心の育ち」に寄与していることは言うまでもありません。しかし、保育ニーズが多岐にわたる現在においては、このままでは対応できない保育場面が次々と起こっています。

　保育者は、ワークショップを通して、子ども自身が抱える特有の問題、状況、背景、親子の関係性を即座に読み込み、寄り添い、次の工作活動過程を予測できるような「人間関係性を創造するチャネリング力」が要求されるのです。ワークショップで学んだ対人関係調整力を、子どもとかかわる時に即座に提供できることが大切です。

　「幼保連携型認定こども園教育・保育要領解説」では、「幼児期の終わりまでに育ってほしい姿」として「ウ　協同性」をあげています。工作ワークショップでは、このような自己実現と他者への気遣いとの往還体験ができる仕組みがあり、活動から得た感動を親や保育者、友だちと共有し表現することを保障しています。地域におけるアウトリーチ活動を保育者養成プログラムの一つとして、実践してほしいと願います。

3．ディスカッション

　✎ 事例6について話し合い、自分が保育を実践する視点でまとめてみましょう

（金山和彦）

用語解説

コンピテンシー

コンピテンシーとは、企業の人事マネジメントに用いられる言葉で、ハイパフォーマー（高業績者）の特性を示すものです。知識が豊富で技術的に高度な技をもっていたり、豊かな才能に恵まれている人間の能力を指すのではなく、①自律的に活動する力、②道具を相互作用的に用いる力、③異質な集団で交流する力がコンピテンシーの特徴とされています。これは、まさに保育者に不可欠な資質です。

ウ　協同性

「友達と関わる中で、互いの思いや考えなどを共有し、共通の目的の実現に向けて、考えたり、工夫したり、協力したりし、充実感をもってやり遂げるようになる。」（第1章総則 第1節の3(3)）

知識を深めるための 参考文献

・ドミニク・S. ライチェン　ローラ・H. サルガニク、『キー・コンピテンシー国際標準の学力をめざして』明石書店、2008年

記入日　　　．　　．

考えてみよう 5 「もの」とのかかわりから見えてくる子どもの姿 I

　身近な子どもに接したり，実習や作品展の後などにこのページをコピーして，素材や用具など多様な「もの」とのかかわりを通して子どもたちの姿や気持ちを考えてみましょう。

「あなたが見た子どもと"もの"のかかわりは？」

☑ あなたが見た子どもと素材や用具とのかかわりに印をつけましょう。
☑ 子どもの姿やあなたの感じたこと，考えたことを文字やイラストで記入したり，写真を貼りましょう。他にも印象に残ったものがあったら，写真やメモなどを加えましょう。

紙	新聞紙 ☐（　　歳）	画用紙（白・色） ☐（　　歳）	ダンボール ☐（　　歳）	その他 ☐（　　歳）
画材	クレヨン・パス ☐（　　歳）	フェルトペン ☐（　　歳）	鉛筆（黒・色） ☐（　　歳）	その他 ☐（　　歳）
画材	ポスターカラー ☐（　　歳）	アクリル絵具 ☐（　　歳）	筆・水入れ ☐（　　歳）	その他 ☐（　　歳）
土・粘土	泥・粘土 ☐（　　歳）	油粘土 ☐（　　歳）	紙粘土 ☐（　　歳）	その他 ☐（　　歳）

8章　社会事象と造形

記入日　　　.　　.

考えてみよう 6　「もの」とのかかわりから見えてくる子どもの姿 II

　身近な子どもに接したり，実習や作品展の後などにこのページをコピーして，素材や用具など多様な「もの」とのかかわりを通して子どもたちの姿や気持ちを考えてみましょう。

「あなたが見た子どもと "もの" のかかわりは？」

☑ あなたが見た子どもと素材や用具とのかかわりに印をつけましょう。

☑ 子どもの姿やあなたの感じたこと，考えたことを文字やイラストで記入したり，写真を貼りましょう。他にも印象に残ったものがあったら，写真やメモなどを加えましょう。

接着剤	糊(種類　　　) □（　　歳）	木工ボンド □（　　歳）	スティック糊 □（　　歳）	その他 □（　　歳）
粘着テープ	セロハンテープ □（　　歳）	ビニールテープ □（　　歳）	クラフトテープ （ガムテープ） □（　　歳）	その他 □（　　歳）
自然物	水 □（　　歳）	植物（　　　） □（　　歳）	石・貝 □（　　歳）	その他 □（　　歳）
その他	紙箱・紙筒 □（　　歳）	空き容器 □（　　歳）	布・ひも □（　　歳）	その他 □（　　歳）

補章　子どもの姿と造形

1節　子どもの育ち（描画や作る活動の発達と子どもの今の姿）

　年齢にふさわしい活動は子どもにとって一番大事なことです。形にならない時は「上手ね」と言ってしまいがちですが，「てんてん，いっぱいね」というような，やった行為を認める言葉が大事です。形が少しでも描けると「何描いたの」と聞いてしまいまいがちですが，「たくさんマル，描けたね」と認めると「これね○○なの」と教えてくれます。絵を通して子どもとお話上手になりましょう。

　以下の図は①から順番に育っていく段階の描画表現です。どの子どもも同じ道をたどりますが，子どもによって描く時期が違うので指導には気をつけましょう。

① 偶発的スクリブル
痕跡を初めて体験，その驚きに共感しましょう。「何描いたの」より行為を認めましょう。

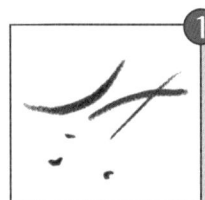

② 意図的スクリブル
描けるおもしろさを知って，積極的に手を動かします。いろいろな材料に挑戦できる環境が，意欲的な子どもに育てます。

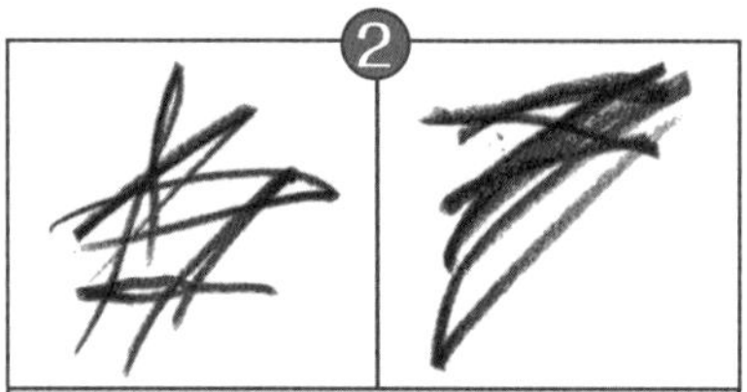

③ 意味付けスクリブル
描きながらイメージしたことを言葉にします。目の前にないことをイメージできます。

④ 円の獲得
円は人間しか描けない図形です。③のようなスクリブルを描きながら，左のような閉じた形を獲得していき，やがて独立した円を描きます。お話もいっぱいします。

⑤  頭足の表現
世界中の子どもが教えられてもいないのに描く人物です。一人一人の成長で描き始めが違います。大好きな人を描くので子どもの気持ちが見えます。

❻ 人の表現

子どもたちが描く人間は，大人の表現とかなり異なります。首を描くのは6歳過ぎです。「手や足はこうやって描くの」という指導より，子どもの興味関心に呼応した会話こそ，子どもの主体性を育てます。

次にあげるのは大人の世界にはない「子ども独特の絵の特徴」です。

基底線・アニミズム

基底線：基底線は地面のことです。左のように帯状に描くこともあるし，画用紙の一番下の端を地面に見立てていることもあります。この地面と空の間は，子どもにとって何もない空間です。大人と違ってバックは塗りません。

アニミズム：花に人の顔のように目や口を描いています。太陽にも雲にも顔を描きます。こうした大好きなモチーフは，子どもにとって大事な友だちとしての表現＝アニミズムです。

基底線にはいろいろなものがあります。

二段になった基底線
遠くを表す方法として二段重ねにしました。三段や五段もあります。

丸くなった基底線
水族館の水槽をのぞいている所です。展開表現ともいいます。子どもにとって描きやすい方法です。

坂道や山の基底線
地面に対してどのようなものでも直角に描きます。子どもにとって当たり前の描き方です。

異時同存
画面に時間の経過が描かれています。左のようにアニメ風に描いたり，一本の線でつなげたりして表します。

レントゲン表現
お母さんのおなかの中に生まれてくる弟を描いています。バスの中も家の中も知っていることを描くのが子どもです。

その他にも**拡大表現**といって，興味関心が高いものを大きく描くことがよくあります。大人は客観的な大きさの比較を基準にしていますが，子どもたちは自分が好きなもの，気になっていることを大きく描くので，子どもの気持ちを理解しやすい方法です。「絵はこころをのぞくメガネ」とも言われています。

2節 幼稚園教育要領，保育所保育指針，幼保連携型認定こども園教育・保育要領

　2018年4月に，幼稚園教育要領，保育所保育指針，幼保連携型認定こども園教育・保育要領が施行されました。その領域「表現」の内容を並べた表が，資料（142から143ページ）にあります。幼稚園教育要領の(1)から(8)の項目は，保育所保育指針や幼保連携型認定こども園教育・保育要領にも同様のものが記載されています。つまり，内容のねらい及び内容に関する定義や内容が共通になりました。3歳以上の発達や育ちは，保育所であれ幼稚園であれこども園であれ，同じでなければならない…という当たり前の考えが明らかになっていることが重要です。

　また，保育所保育指針は，"乳児保育"，"1歳以上3歳未満児"，"3歳以上児"と細分化されました。

　今回の改訂・施行は小学校から大学に至る学習指導要領の共通した目標に「主体的・対話的で深い学び」を示しており，乳幼児もその例外ではありません。幼稚園教育要領では「3指導計画の作成上の留意事項(2)」に，教育・保育要領には「(3)指導計画の作成上の留意事項ウ」に示されています。保育所保育指針には同様の文言は使われていませんが，"乳児期から，子どもは主体的に周囲の人や物に興味を持ち，直接関わっていこうとする。このような姿は「学びの芽生え」といえる"と示しています（下線は筆者）。

　つまり，戦後の教育が大きく見直され「自ら感じ考え行動できる」人材の育成を目指すことになりました。いわゆる丸暗記するだけの能力では，これから変化していく社会（ますます拡大しているAIや，地球規模で変容している気候など）に対応できないと考えたからです。

　ところが，若者も含め大人たちはこの「自ら感じ考え行動する」ということに慣れていません。どうしてもお手本やマニュアル通りの方法を選んでしまいます。新しい教育観・保育観を身につけるためには〈自己改革〉が必要です。そのためにも造形的な営みは有効な手段といえます。

　さらに，上記の改訂・施行された"内容の留意事項"に，「他の幼児の表現に触れられるよう　配慮したりし」とあります。それこそ乳幼児らしい〈対話的〉です。友だちの様子が刺激となって行動することは重要である，と示しています。つまり，「人間関係」としても「表現」は大事な手段の一つであることが理解できます。

　"保育の実施に関わる配慮事項"では，小学校入学以降を見据えた乳幼児期の発達の連続性についても重要視されています。

3節 造形教育の歴史（時代背景が反映する，子どもの姿，昔と今）

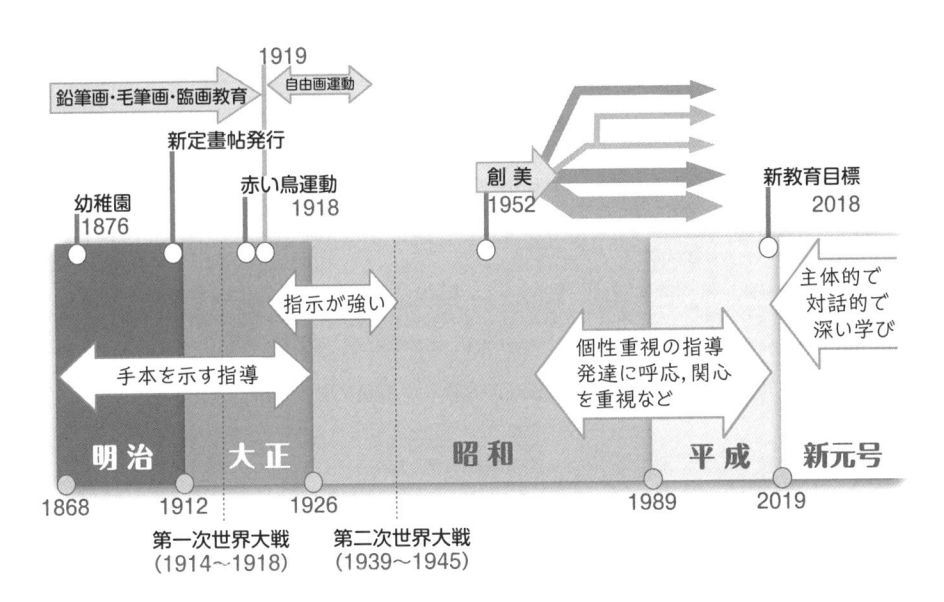

図 造形教育の歴史的変遷

年表中の記載：
- 鉛筆画・毛筆画・臨画教育
- 1919 自由画運動
- 新定畫帖発行
- 赤い鳥運動 1918
- 幼稚園 1876
- 創美 1952
- 新教育目標 2018
- 手本を示す指導
- 指示が強い
- 個性重視の指導 発達に呼応，関心を重視など
- 主体的で対話的で深い学び
- 明治 1868／大正 1912／昭和 1926／平成 1989／新元号 2019
- 第一次世界大戦（1914〜1918）
- 第二次世界大戦（1939〜1945）

　この図は，明治からの時代の変遷とともに教育も変容していることを示しています。明治初期は，日本に初めて小学校や幼稚園ができたころのことで，指導が強い時代でした。その後日本は2回の戦争体験をしており，それぞれの戦争開始前は国威に呼応した教育の一環として，図工美術の指導が行われました。また，戦後はそれぞれ国家としての方向性の中で，図工や美術の指導も時代とともに変容しました。

　第一次大戦後の「赤い鳥運動」の影響を受けて「自由画運動」が起こります。また，第二次大戦後は「民主主義運動」の影響を強く受けて，"創造美育協会（創美）"の活動が高まりました。

　「子ども主体の教育」に変わってきたのは創美の運動以降で，子ども主体のテーマ・描き方に価値を見出したり，子どもの作品の中に心理的な見方が加わるなど指導が変わってきました。しかし，昭和後期まで「子ども主体」といいつつ，かなり指導性の高い教育がみられ，画一化した作品作りが見受けられます。また，指導者も十分に育っているとはいえない状況の中で，指導法に特化した美術教育研究が盛んに行われているのが現状です。

　しかし，2018年4月に施行された新要領では，乳児から大学まで共通した教育目標「主体的・対話的で深い学び」が掲げられ，その意義は大きいと考えます。

（平田智久）

>>> 資料 〔表現〕抜粋 >>>

▶ 幼稚園教育要領　2008（平成20）年3月告示　〔第2章 ねらい及び内容〕

1　ねらい
(1) いろいろなものの美しさなどに対する豊かな感性をもつ。
(2) 感じたことや考えたことを自分なりに表現して楽しむ。
(3) 生活の中でイメージを豊かにし，様々な表現を楽しむ。

2　内容
(1) 生活の中で様々な音，色，形，手触り，動きなどに気付いたり，感じたりするなどして楽しむ。
(2) 生活の中で美しいものや心を動かす出来事に触れ，イメージを豊かにする。
(3) 様々な出来事の中で，感動したことを伝え合う楽しさを味わう。
(4) 感じたこと，考えたことなどを音や動きなどで表現したり，自由にかいたり，つくったりなどする。
(5) いろいろな素材に親しみ，工夫して遊ぶ。
(6) 音楽に親しみ，歌を歌ったり，簡単なリズム楽器を使ったりなどする楽しさを味わう。
(7) かいたり，つくったりすることを楽しみ，遊びに使ったり，飾ったりなどする。
(8) 自分のイメージを動きや言葉などで表現したり，演じて遊んだりするなどの楽しさを味わう。

▶ 保育所保育指針　2008（平成20）年3月告示　〔第3章 保育の内容　(2) 教育に関わるねらい及び内容〕

(ア)　ねらい
① いろいろな物の美しさなどに対する豊かな感性を持つ。
② 感じたことや考えたことを自分なりに表現して楽しむ。
③ 生活の中でイメージを豊かにし，様々な表現を楽しむ。

(イ)　内容
① 水，砂，土，紙，粘土など様々な素材に触れて楽しむ。
② 保育士等と一緒に歌ったり，手遊びをしたり，リズムに合わせて体を動かしたりして遊ぶ。
③ 生活の中で様々な音，色，形，手触り，動き，味，香りなどに気付いたり，感じたりして楽しむ。
④ 生活の中で様々な出来事に触れ，イメージを豊かにする。
⑤ 様々な出来事の中で，感動したことを伝え合う楽しさを味わう。
⑥ 感じたこと，考えたことなどを音や動きなどで表現したり，自由にかいたり，つくったりする。
⑦ いろいろな素材や用具に親しみ，工夫して遊ぶ。
⑧ 音楽に親しみ，歌を歌ったり，簡単なリズム楽器を使ったりする楽しさを味わう。
⑨ かいたり，つくったりすることを楽しみ，それを遊びに使ったり，飾ったりする。
⑩ 自分のイメージを動きや言葉などで表現したり，演じて遊んだりする楽しさを味わう。

▶ 幼保連携型認定こども園教育・保育要領　2014（平成26）年4月告示
〔第2章 ねらい及び内容並びに配慮事項　第1 ねらい及び内容〕

1　ねらい
(1) いろいろなものの美しさなどに対する豊かな感性を持つ。
(2) 感じたことや考えたことを自分なりに表現して楽しむ。
(3) 生活の中でイメージを豊かにし，様々な表現を楽しむ。

2　内容
(1) 生活の中で様々な音，色，形，手触り，動きなどに気付いたり，感じたりするなどして楽しむ。
(2) 生活の中で美しいものや心を動かす出来事に触れ，イメージを豊かにする。
(3) 様々な出来事の中で，感動したことを伝え合う楽しさを味わう。
(4) 感じたこと，考えたことなどを音や動きなどで表現したり，自由にかいたり，つくったりなどする。
(5) いろいろな素材に親しみ，工夫して遊ぶ。
(6) 音楽に親しみ，歌を歌ったり，簡単なリズム楽器を使ったりなどする楽しさを味わう。
(7) かいたり，つくったりすることを楽しみ，遊びに使ったり，飾ったりなどする。
(8) 自分のイメージを動きや言葉などで表現したり，演じて遊んだりするなどの楽しさを味わう。

▶ 幼稚園教育要領　2017（平成29）年3月告示　〔第2章 ねらい及び内容〕

1　ねらい
(1) いろいろなものの美しさなどに対する豊かな感性をもつ。
(2) 感じたことや考えたことを自分なりに表現して楽しむ。
(3) 生活の中でイメージを豊かにし，様々な表現を楽しむ。

2　内容
(1) 生活の中で様々な音，形，色，手触り，動きなどに気付いたり，感じたりするなどして楽しむ。
(2) 生活の中で美しいものや心を動かす出来事に触れ，イメージを豊かにする。
(3) 様々な出来事の中で，感動したことを伝え合う楽しさを味わう。
(4) 感じたこと，考えたことなどを音や動きなどで表現したり，自由にかいたり，つくったりなどする。
(5) いろいろな素材に親しみ，工夫して遊ぶ。
(6) 音楽に親しみ，歌を歌ったり，簡単なリズム楽器を使ったりなどする楽しさを味わう。
(7) かいたり，つくったりすることを楽しみ，遊びに使ったり，飾ったりなどする。
(8) 自分のイメージを動きや言葉などで表現したり，演じて遊んだりするなどの楽しさを味わう。

▶ 保育所保育指針　2017（平成29）年3月告示　〔第2章 保育の内容〕

(ア)　ねらい
① 身体の諸感覚の経験を豊かにし，様々な感覚を味わう。
② 感じたことや考えたことなどを自分なりに表現しようとする。
③ 生活や遊びの様々な体験を通して，イメージや感性が豊かになる。

2　1歳以上3歳未満児の保育に関わるねらい及び内容
(イ)　内容
① 水，砂，土，紙，粘土など様々な素材に触れて楽しむ。
② 音楽，リズムやそれに合わせた体の動きを楽しむ。
③ 生活の中で様々な音，形，色，手触り，動き，味，香りなどに気付いたり，感じたりして楽しむ。
④ 歌を歌ったり，簡単な手遊びや全身を使う遊びを楽しんだりする。
⑤ 保育士等からの話や，生活や遊びの中での出来事を通して，イメージを豊かにする。
⑥ 生活や遊びの中で，興味のあることや経験したことなどを自分なりに表現する。

3　3歳以上児の保育に関するねらい及び内容
(イ)　内容
① 生活の中で様々な音，形，色，手触り，動きなどに気付いたり，感じたりするなどして楽しむ。
② 生活の中で美しいものや心を動かす出来事に触れ，イメージを豊かにする。
③ 様々な出来事の中で，感動したことを伝え合う楽しさを味わう。
④ 感じたこと，考えたことなどを音や動きなどで表現したり，自由にかいたり，つくったりなどする。
⑤ いろいろな素材に親しみ，工夫して遊ぶ。
⑥ 音楽に親しみ，歌を歌ったり，簡単なリズム楽器を使ったりなどする楽しさを味わう。
⑦ かいたり，つくったりすることを楽しみ，遊びに使ったり，飾ったりなどする。
⑧ 自分のイメージを動きや言葉などで表現したり，演じて遊んだりするなどの楽しさを味わう。

▶ 幼保連携型認定こども園教育・保育要領　2017（平成29）年3月告示
〔第2章 ねらい及び内容並びに配慮事項〕

1　ねらい
(1) いろいろなものの美しさなどに対する豊かな感性をもつ。
(2) 感じたことや考えたことを自分なりに表現して楽しむ。
(3) 生活の中でイメージを豊かにし，様々な表現を楽しむ。

第2　満1歳以上満3歳未満の園児の保育に関するねらい及び内容
2　内容
(1) 水，砂，土，紙，粘土など様々な素材に触れて楽しむ。
(2) 音楽，リズムやそれに合わせた体の動きを楽しむ。
(3) 生活の中で様々な音，形，色，手触り，動き，味，香りなどに気付いたり，感じたりして楽しむ。
(4) 歌を歌ったり，簡単な手遊びや全身を使う遊びを楽しんだりする。
(5) 保育教諭等からの話や，生活や遊びの中での出来事を通して，イメージを豊かにする。
(6) 生活や遊びの中で，興味のあることや経験したことなどを自分なりに表現する。

第3　満3歳以上の園児の教育及び保育に関するねらい及び内容
2　内容
(1) 生活の中で様々な音，形，色，手触り，動きなどに気付いたり，感じたりするなどして楽しむ。
(2) 生活の中で美しいものや心を動かす出来事に触れ，イメージを豊かにする。
(3) 様々な出来事の中で，感動したことを伝え合う楽しさを味わう。
(4) 感じたこと，考えたことなどを音や動きなどで表現したり，自由にかいたり，つくったりなどする。
(5) いろいろな素材に親しみ，工夫して遊ぶ。
(6) 音楽に親しみ，歌を歌ったり，簡単なリズム楽器を使ったりなどする楽しさを味わう。
(7) かいたり，つくったりすることを楽しみ，遊びに使ったり，飾ったりなどする。
(8) 自分のイメージを動きや言葉などで表現したり，演じて遊んだりするなどの楽しさを味わう。

引用・参考文献

2 章

−1節−
中川香子著『お母さんにわかってほしい幼児期のお絵かき』PHP研究所，2006．
東山明・今井真理著『絵の指導がうまくいく』ひかりのくに，2008．
福田隆眞監修『子どもの絵は語る』三晃書房，2006．
鳥居昭美著『子どもの絵の見方，育て方』大月書店，2009．
あいち幼児造形研究会著『子どもの表現力をグングン引き出す造形活動ハンドブック』明治図書，2010．
岡田憼吾著『描画表現と材料・用具の世界』サクラクレパス出版部，2009．
清水靖子著『クレパス画事典』サクラクレパス出版部，2005．
宮脇理監修『美術科教育の基礎知識』建帛社，2007．
戸松友子「カラフルくれよんをつくろう」『ものづくり教育会議年報2007-2008』ものづくり教育会議，2008．

−3節−
幼児造形教育研究会編『幼児の造形・1−3』サクラクレパス出版部，1984．
ルース・フェゾン・ショウ著『フィンガーペインティング　子どもの自己表現のための完璧な技法』黎明書房，1982．

3 章

−3節−
園部真津夫著『たのしい粘土の製作』建帛社，1982．
根本勇著『紙ねんどでつくる』創和出版，2001．
宮井和子・中島翠著『粘土で遊ぶ』マコー社，1994．
今川公平編著『子どもの造形』ひかりのくに，2007．
富山典子・岩本克子著『絵画遊び技法百科』ひかりのくに，2006．
槇英子著『保育をひらく造形表現』萌文書林，2008．
平田智久監修『毎日が造形あそび0〜5歳児』学研，2008．
あいち幼児造形研究会著『造形活動ハンドブック』明治図書出版，2010．

5 章

−2節−
ティム・ギル「バブル・ラップの世代を自由にする」『こども環境学研究』Vol.4，No.1，2008，pp.11-12．
無藤隆監修，浜口順子編者代表『事例で学ぶ保育内容　領域　表現［新訂］』2018．

6 章

−3節−
東山明編著『絵画・制作・造形あそび指導百科』ひかりのくに，2005．

気づいたことをメモしたり,写真やメモなどを貼り付けましょう。

執筆者紹介

編著　平田　智久　十文字学園女子大学名誉教授　　小野　和　松蔭大学教授

執筆者
町山　太郎	まどか幼稚園　口絵監修	
宮野　周	十文字学園女子大学　1章1節，6章5節	
首藤　晃	いわき短期大学　1章2節	
平山　隆浩	西日本短期大学　1章3節	
石川　博章	愛知学泉短期大学　2章1節	
永渕泰一郎	畿央大学　2章2節，7章7節	
藤原　明子	星美学園短期大学（非常勤）／日本女子大学（非常勤）　2章3節	
戸澗　幸夫	新潟県立大学　2章4節	
杉本　亜鈴	東京成徳短期大学　2章5節	
武田　信吾	鳥取大学　3章1節	
武田　京子	岩手大学名誉教授　3章2節，6章7節1〜3	
堀内　秀雄	東京成徳短期大学　3章3節	
沖中　重明	頌栄短期大学　3章4節，5章3節	
石賀　直之	東京造形大学　3章5節，6章1節	
松岡　宏明	大阪総合保育大学　4章1節	
有賀　忍	江戸川大学　4章2節	
成清　美朝	跡見学園女子大学／跡見学園中学校高等学校　4章3節	

今井　真理	四天王寺大学　5章1節	
渋谷　寿	名古屋女子大学　5章2節	
福田　理恵	彰栄保育福祉専門学校　6章1節	
茂木　一司	群馬大学　6章3節	
山本　泰三	大阪芸術大学短期大学部　6章4節	
前嶋　英輝	吉備国際大学　6章6節	
小野　和	松蔭大学　6章7節4〜7，考えてみよう4〜6	
村田　透	滋賀大学　7章1節	
采澤　真澄	中部大学　7章2節	
小笠原　文	広島文化学園大学　7章3節	
鳥越　亜矢	中国短期大学　7章4節	
栗山　誠	関西学院大学　7章5節	
花原　幹夫	白梅学園短期大学　7章6節	
伊藤　裕子	谷戸幼稚園　7章8節	
山田美由紀	谷戸幼稚園　7章8節	
宮﨑　百合	鳥取短期大学　8章1節	
福岡　龍太	東京芸術大学　8章2節	
古賀　隆一	南九州大学　8章3節	
金山　和彦	倉敷市立短期大学　8章4節	
平田　智久	十文字学園女子大学名誉教授　補章，コラム①〜④，考えてみよう1〜3	

執筆協力　木戸永二 青森明の星短期大学 1章2節／土田隆生 京都女子大学名誉教授 5章3節4／遠藤 翠 清心幼稚園 6章3節／天宗社会福祉事業会 天宗瓜破東園 6章4節／社会福祉法人西光苑 氷見ひかり第一保育園 7章1節／津田愛・西井敦江・丸山仁未・宮田更沙 名古屋芸術大学 8章2節1－4／神谷優美・後藤由美子・仙石茉莉奈・丸山結保 名古屋芸術大学 8章2節5－8

撮影・会場協力　まどか幼稚園 口絵，コラム③④，3章3節／社会福祉法人慈紘園 慈紘保育園 コラム①，2章4節1，3章1節3・3節／茅ヶ崎つるみね幼稚園 3章5節，6章2節／天宗社会福祉事業会 天宗瓜破東園 6章4節／社会福祉法人厚生福祉会青戸福祉保育園 6章7節5－10／社会福祉法人西光苑 氷見ひかり第一保育園 7章1節／すしプラザ丸忠 ちゅーう日進梅森店 8章2節1－4／羽島市社会福祉協議会 児童センターひな祭りクラフト講座 8章2節5－8

イラスト　行天B∀T達也 考えてみよう3，4

すべての感覚を駆使してわかる乳幼児の造形表現

2011年 3月31日 第1版1刷 発行	編 著　平田　智久（ひらた　ともひさ）
2012年 4月 1日 第1版2刷 発行	小野　和（おの　かず）
2014年 4月 1日 第1版3刷 発行	発行者　三宅　隆雄
2019年 1月 1日 第2版1刷 発行	発　行　保育出版社（教育情報出版）

販　売　教育情報出版
　　　　〒557-0055
　　　　大阪市西成区千本南1-18-24
　　　　TEL. 06-6658-8741 ㈹
　　　　TEL. 06-6651-5012 (編集部)
　　　　FAX. 06-6652-2928
　　　　http://www.kyoiku-joho.jp
　　　　info@kyoiku-joho.jp

印刷・製本　株式会社髙廣製本

©2019 Printed in Japan
ISBN978-4-938795-89-4　C3337　¥1905E

落丁・乱丁本はお取り替えいたします。小社までお送りください。
ただし、古書店で購入された場合はお取り替えできません。

編 Ｙ